Oliver Fritsch

Alles anders

Oliver Fritsch

Alles anders

15 Fragen, die Ihr Leben verändern

Aus dem Amerikanischen übersetzt von
Bettina Blank-Mills

mvgverlag

Bibliografische Information der Deutschen Nationalbibliothek:
Die Deutsche Nationalbibliothek verzeichnet diese Publikation in der Deutschen Nationalbibliografie; detaillierte bibliografische Daten sind im Internet über http://d-nb.de abrufbar.

Für Fragen und Anregungen:
oliverfritsch@mvg-verlag.de

4. Auflage 2010

Nymphenburger Straße 86
D-80636 München
Tel.: 089 651285-0
Fax: 089 652096

Die amerikanische Originalausgabe erschien unter dem Titel *Oliver Fritsch's VocationLab: Find your Purpose in Life – A 30-Day Workshop*.

Übersetzung: Bettina Blank-Mills
Umschlaggestaltung: Vierthaler & Braun, München
Satz: Jürgen Echter, Landsberg am Lech
Druck: Konrad Triltsch GmbH, Ochsenfurt
Printed in Germany

ISBN 978-3-636-07086-9

Inhalt

Das Buch

Dieses Buch beinhaltet einen kompletten Karriere- und Lebenswechsel-Workshop, der Sie mit provozierenden Fragen aus der Mühle der beruflichen und persönlichen Passivität reißt und zu einer aktiven, interessanten und ausgewogenen Lebensgestaltung anregt. Sie entwickeln nach und nach ein Profil all Ihrer Stärken und Passionen und darauf aufbauend eine langfristige berufliche und persönliche Vision, die in Zukunft viele Ihrer Entscheidungen lenken wird.

Mit dem speziellen Internetcode am Ende des Buches können Sie sich kostenlos beim *www.alles-anders.com* Nutzerforum anmelden. Auf dieser Diskussionsplattform können Sie sich mit anderen Lesern des Buches zu den einzelnen Übungen austauschen und sich mit Rat und Tat bei der Umsetzung der Konzepte in die Praxis gegenseitig helfen.

Vorwort zur Taschenbuchausgabe

Als September 2003 mein Buch „Alles anders“ im mvg Verlag erschien, hatte ich keine Ahnung, dass ich vier Monate später kreuz und quer durch Deutschland und die Schweiz reisen würde, um mit über 130 Workshopteilnehmern provozierende Fragen und persönliche Veränderungsstrategien zu diskutieren. Viele Teilnehmer waren positiv überrascht herauszufinden, dass andere Menschen ebenfalls auf der Sinnsuche sind und mit privaten und beruflichen Veränderungen kämpfen.

Die Kombination Buch + vertrauliche Online Community hat sich gut bewährt und schafft durch den Austausch mit anderen Menschen eine zusätzliche Erkenntnistiefe, die ein Buch alleine so nie erreichen könnte.

Bis heute haben bereits über 1900 Community Mitglieder mehr als 4000 Beiträge geschrieben, um Erfahrungen auszutauschen und sich über Umsetzungsstrategien in der Praxis zu unterhalten und sie weiterzuentwickeln. Der Erfolg des „Alles anders“-Buches beweist, dass das Thema „Visionen entwickeln Ziele verwirklichen“ einen Nerv getroffen hat. Die Teilnehmer der Community haben eine gemeinsame Motivation: Sie wollen oder sie müssen sich verändern.

Besonders bei so tief greifenden Veränderungen wie einem Arbeitsplatzwechsel oder -verlust oder einer Scheidung ist es wichtig, Kontakt mit anderen Menschen zu bekommen, um sich auszutauschen, Tipps zu geben und sich gegenseitig mit Taten zu helfen. Außerdem können Sie hier ihren üblichen Bekanntenkreis verlassen, und es fällt Ihnen leichter, in neuen Bahnen zu denken. Hinzu kommt, dass sich mit jeder Neuankunft Ihr persönliches Netzwerk vergrößert. Egal welches Ziel Sie ansteuern: Mit der Hilfe von anderen Menschen geht alles leichter. Nutzen Sie die Möglichkeit, im Forum Kontakt mit den anderen Teilnehmern herzustellen. Melden Sie sich gleich mit dem Online Code am Ende des Buches auf www.alles-anders.com an. Mein Ziel ist es, die „Alles anders"-Community zum führenden Netzwerk für veränderungswillige Menschen aufzubauen online und „im richtigen Leben" durch Workshops, die von lizenzierten und engagierten Teamleitern gegeben werden. Mehr dazu auf unserer Webseite

www.alles-anders.com

Falls Sie mein Tun überzeugt hat und Sie durch dieses Buch oder die Community wichtige Impulse für Ihr Leben erhalten haben, richte ich heute eine Bitte an Sie: Empfehlen Sie das Buch und die Website Ihren Freunden, Ihrem Personalchef oder Ihrer heimischen Bücherei weiter. Schreiben Sie Rezensionen über das Buch oder machen Sie lokale Medien auf das Buch aufmerksam, wenn Sie Kontakte zu Presse, Funk und Fernsehen haben. So können Sie Ihren Mitmenschen aktiv helfen, die anstehenden massiven Veränderungen besser zu bewältigen. Denken Sie daran: Eingraben und auf bessere Zeiten warten geht nicht!

Herzlichst, Ihr

Oliver Fritsch

Boise, Idaho, USA, März 2010

E-Mail: Fritsch@vocationlab.com

Leserstimmen

Aus der Riesenmasse der Lebenshilfe-Ratgeber hebt sich dieses Buch wohltuend ab. Klar strukturiert wird der Leser durch einen Change Management Prozess bei sich selbst geführt. Mir persönlich hat besonders das Herausarbeiten meiner inneren Blockaden und meiner Abhängigkeit vom Urteil Anderer geholfen. Die Ausrichtung auf persönliche Vision und Ziele ließ mich diese Hindernisse dann auch in der Praxis überwinden. Sehr wertvoll war auch der Gedankenaustausch mit anderen Lesern des Buches über die Website. Kurz gesagt, für mich war es das erste Mal, dass ein Buch dieses Genres tatsächlich greifbare Veränderungen in meinem Leben bewirkt hat und mich meinen wahren Zielen einen Riesenschritt näher gebracht hat. Sehr empfehlenswert für Mitmenschen, die zwar das diffuse Gefühl haben, dass jetzt bald was in ihrem Leben passieren muss (Arbeitsplatz weg, Lebenspartner getürmt, usw.), die aber noch im Unklaren sind, wohin sie eigentlich wollen und wie sie die vielen Hindernisse auf dem Weg wegräumen können.

Elisabeth Stender, Frankreich

Das Beantworten dieser Fragen hat mir viel Spaß gemacht, und gleichzeitig bin ich zu meiner inneren Kraft vorgedrungen. Das hat so viel Leichtigkeit in mein Leben gebracht, und es gelingt mir besser, Entscheidung zu treffen, weil ich ganz schnell herausfinden kann, was mir wirklich entspricht.

Ich sehe meine persönliche Vision klar und deutlich vor mir. Es ist, als würden sich plötzlich viele Türen öffnen.

Die wichtigste Entdeckung für mich war, dass ich herausgefunden habe, wie viel ich in meinem Leben schon richtig gut gemacht habe. Das hat mir sehr gut getan, mein Vertrauen in meine Intuition ist stärker geworden, auch mein Selbstwertgefühl, und ich kann mich besser abgrenzen und für meine Wünsche einstehen.

Jenny Schmidt-Salz, Neuried

Ich habe schon einige Ratgeber und Selbsthilfe-Bücher zum Thema Lebensstrategie und persönliche Entwicklung gelesen. ALLES ANDERS ist tatsächlich anders! Es ist sehr praktisch und hilft durch gezielte Fragen zum Kern der Sache, bzw. der Person, sich selbst, vorzudringen. Ich kann es nur empfehlen, auf diese Reise zu gehen - ist spannend und macht Spaß!

Dagmar Eisenbach, Haigerloch

Zunächst: dieses Buch hat mir, wie bisher noch kein anderes, geholfen herauszufinden, was meine Prioritäten im Berufs- und Privatleben sind. Es unterscheidet sich auf positive Weise von allen anderen Selbsthilfebüchern, die ich bisher kennen gelernt habe. Der Autor gibt Anleitungen und stellt intelligente Fragen, die der Leser selbst beantworten muss. Richtiger: die er selbst bearbeiten muss, denn die Beantwortung der Fragen dauert jeweils 30-60 Minuten, hinterlässt beim Leser jedoch das gute Gefühl, wirklich bis zum (eigenen) Kern vorgedrungen zu sein. Nach und nach wird sich der Leser immer klarer darüber, was er eigentlich wirklich will, was ihm wirklich

Spaß und was ihn wirklich glücklich macht. Das Buch gibt keine langwierigen (oder langweiligen) Lektionen vom Vortragspult, sondern hilft einem, den eigenen Weg zu finden. Das Ergebnis und die Schlussfolgerungen werden daher für jeden individuell verschieden sein. Die Beantwortung der Fragen macht Spaß, der begleitende Textrahmen ist sehr interessant und hilft dem Leser, die eigenen Antworten noch besser einzuordnen und zu verstehen.

Stefan Sperl, Toronto

Das Buch hält mehr als es überhaupt verspricht. Ich habe dieses Buch vor über einem Jahr durch Zufall entdeckt und voller Begeisterung in wenigen Tagen durchgearbeitet. Dass sich seither vieles in meinem Leben (und auch in dem meines Umfeldes) positiv verändert hat, war mir absolut bewusst. Aber wie vieles, wie sehr und wie stark das genau mit dem verbunden war, was ich mir damals notiert und vorgenommen hatte, wurde mir erst klar, als ich es genau 12 Monate später zum zweiten Mal durchgegangen bin.

Marion Zeindl, Frankfurt

Wie wundervoll ist das Empfinden, wenn man beim Aufwachen kaum erwarten kann, seinen Lebensalltag zu beginnen. Dieses Buch ist die Ermutigung zu authentischem Leben schlechthin! Während viele Ratgeber dabei stehen bleiben, uns mitzuteilen, warum wir so sind, wie wir sind, warum wir wiederholt in problematische Lebenssituationen geraten und was wir tun sollten, um ein glückliches und erfülltes Leben zu führen, führt das Progamm "Alles Anders" von Oliver Fritsch systematisch durch ergebnisorientierte und gut aufeinander aufbauende Übungen lebensnah durch den Prozess einer intensiven Selbsterkenntnis, die in einer praktisch umsetzbaren persönlichen Zielausrichtung endet. Nützliche und hilfreiche theoretische und psychologische Ausführungen sind fundiert und auf das Wesentliche konzentriert. An keiner Stelle mutet Oliver Fritsch dem Leser Plattitüden und Sprüche wie "positiv Denken", vereinfachende Egoismen oder Klugscheißereien anderer Art zu. Das Buch ist nützlich für all jene, die nicht wissen, welche Ausrichtung sie selbst ihrem Leben geben wollen, jedoch auch für jene, die ihre Berufung bereits kennen und leben. Das Buch ist eine absolut lohnenswerte Investition in die eigene Person und die ganz individuelle Zufriedenheit.

Christine Sturm, Köln

Danksagung

Ich möchte Dr. Sherry Knight Rossiter danken, die mich inspirierte und ermunterte, dieses Programm zu entwickeln und bei der National Career Development Convention in Tucson, Arizona, einem breiten Publikum zu präsentieren. Sie redigierte und verbesserte das Manuskript, und die Ratschläge, die sie mir, genährt durch ihre langjährige Erfahrung als Karriereberaterin, erteilte, waren mir eine große Hilfe.

Danken möchte ich auch folgenden Personen, die mich motivierten, ihre Ideen mit mir teilten und mir beim Testlauf dieses Programms in den USA, Österreich, Deutschland, Italien, Großbritannien und Spanien zur Seite standen: Heike Bertram, Monica Rydell, Annette Sieg, Baldur und Caroline Dürrwang, Beate Hammond, Chris Fuentes, Joachim Haug, Dagmar Rübsam-Haug, Stefan Sperl, Oliver Dormanns, Maria Witzmann. Mein besonderer Dank gilt dem Team des mvgVerlags: Susanne Frank, Pia Preuss, Gabriele Becker und Bettina Blank-Mills, das keine Mühe scheute, um das Originalkonzept und das Erlebnis für den Leser noch perfekter zu gestalten, und das Buch in Deutschland zu veröffentlichen.

Ich möchte meinen Eltern Heinz und Margit Fritsch danken, die sich meine verrückten Ideen stets geduldig anhörten und immer an mich glaubten. Am meisten aber danke ich meiner Familie – meiner Ehefrau und Partnerin Ursula, meiner Tochter Chiara Isabella Maria (die mir gern den Platz am PC streitig macht) und meinem Sohn

Felix Claudius Samuel (der das alles für „komisches Zeug“ hält) – für ihre Unterstützung bei diesem Projekt.

Oliver Fritsch

Boise, Idaho

März 2010

Einführung

1992 war ich nach meinem Studium der europäischen Betriebswirtschaft in London und Reutlingen zunächst als erfolgreicher Key Account Manager für ein großes High-Tech Unternehmen in Deutschland tätig. Meine Kunden waren deutsche Großkonzerne, die ich regelmäßig im protzigen Firmenwagen, einem roten Mercedes, heimsuchte. Ich bezog ein sechsstelliges Jahreseinkommen und hatte trotz allem das Gefühl, mein Potenzial nicht zur Fülle auszuschöpfen.

Offen gestanden langweilte es mich, immer dieselben Firmen zu besuchen und Beziehungen mit Menschen aufzubauen, die nur einem einzigen Ziel galten: dem Verkauf von Produkten. Noch schlimmer: Tagein, tagaus hörte ich die gleichen Geschichten von meinen Kollegen über schnelle Autos, Geld und gescheiterte Beziehungen. Die wöchentlichen Treffen der Verkäufer waren von Alkohol und Nikotin zugenebelte Angelegenheiten. Etwas sagte mir, dass ich mich beruflich verändern sollte, und ich traute mir auch zu, jeden Job zu kriegen, den ich wollte. Trotzdem wusste ich nicht, was ich mit meinem Leben anfangen sollte, ja ich wusste nicht einmal, wo anfangen.

Eines Tages empfahl mir ein Freund die Teilnahme an einem siebentägigen Seminar in einem entlegenen Kloster auf der Schwäbischen Alb. Das Seminar trug den Titel „Wer bin ich?“ und wurde von einer nicht religiösen Gruppe veranstaltet. Eine Chance witternd, der Tretmühle des Alltags für kurze Zeit zu entkommen, machte ich mich auf den Weg. Am Anfang war ich skeptisch und der Gedanke, sieben Tage lang acht Stunden täglich auf zwölf Quadratmetern eingepfercht zu sein, misshagte mir, doch dann beschloss ich, mich auf das Abenteuer einzulassen und zu sehen, was es mir bringen würde.

Neben mir gab es zehn weitere Teilnehmer. Wir saßen im Kreis zusammen, vor uns standen kleine Schreibpulte. Nachdem die Seminarleiterin sich vorgestellt hatte, schrieb sie eine Frage an die Tafel. Sie bat uns, die Frage in unsere Arbeitsbücher zu übertragen und gab uns eine Stunde, sie zu beantworten. Eine ganze Stunde! Auf Anhieb schien mir das viel zu viel Zeit für die Beantwortung einer einzigen Frage, doch nach einer Weile sprudelte es nur so aus mir hervor. Ich war verblüfft, wie viel man über sich selbst herausfinden kann, wenn man unter die Oberfläche blickt. Als die Stunde vorüber war, hätte ich noch lange weiterschreiben können. Dann schrieb die Programmleiterin eine neue Frage an die Tafel und gab uns wieder eine Stunde für ihre Beantwortung. Und so ging es weiter.

Der Prozess, mich durch die Beantwortung der Fragen Stück für Stück vom Ballast meiner persönlichen Geschichte zu lösen, half mir, mich selbst in einem vollkommen anderen Licht zu sehen. Ein Teil des Prozesses bestand darin, das, was ich herausfand, in einer unbedrohlichen, sicheren Atmosphäre mit den Anderen im Raum zu teilen. Das schuf eine besondere Intimität zwischen uns und erleichterte mich, weil ich merkte, dass ich nicht allein auf meiner Suche nach einem Leben mit mehr Bedeutung war.

Sieben Tage später verließ ich das Kloster als neuer Mensch und mit einer klaren Vision, wie mein künftiges Leben aussehen sollte. Die Fragen hatten dazu geführt, dass ich tiefer und tiefer in mein Inneres bohrte, bis ich irgendwann die Antworten fand, die ich brauchte, um meinem Leben eine neue Richtung zu geben und endlich anfangen konnte, ein Leben zu leben, das wirklich mein eigenes sein würde!

Drei Monate später nahm ich eine Stelle als Marketingleiter in Italien an und lernte in sechs Monaten Italienisch. Vier Jahre später ging ich in die USA, wo ich den kompletten Internetzyklus mitmachte: angefangen bei der süßen Verheißung schnell Millionär zu werden, bis zur vollkommen überraschenden Entlassung kurz vor dem 11. September 2001. Genau diese bittere Erfahrung war es, die mich schließlich dazu veranlasste, meinen Mitmenschen helfen zu wollen, mit solchen traumatischen Erfahrungen schneller fertig zu werden und durch die hier vorliegenden „Denkzeuge“ und Übungen zum Guten zu wenden.

Wessen Leben leben Sie?

Joe Dominguez schrieb 1992 in seinem Buch „Your Money or Your Life“: „Das ideale Arbeitsleben bietet genügend Herausforderungen, um interessant zu sein.

Genügend Leichtigkeit, um Genuss zu verschaffen. Genügend Kameradschaft, um nährend zu sein. Genügend Stunden bei der Arbeit, um diese zu bewältigen. Genügend Freizeit, um die Batterien aufzutanken. Genügend Albernheit, um Spaß zu haben. Und genügend Geld, um den Lebensunterhalt zu bestreiten ... und noch ein bisschen mehr."

Ich finde, unsere Arbeit sollte mehr bieten als das! In Anbetracht dessen, dass Sie den Großteil Ihrer Zeit in Ihre Arbeit stecken, statt sie mit dem Ehepartner, der Familie oder Freunden zu verbringen, sollte der Inhalt Ihrer Arbeit Ihrem Leben einen Sinn geben und Ihnen ein tiefes Gefühl der Befriedigung vermitteln: Tag für Tag.

Das Wort **vo·ca·tion** (abgeleitet von Lateinisch „vocare", „rufen") beschreibt am besten, was ich meine. Es steht für eine Aufgabe oder Verantwortung, für die man sich besonders berufen fühlt. Berufung, Lebenswerk oder Mission sind mögliche Synonyme. Die Arbeit an und für Etwas, das größer als wir selbst und gleichzeitig tief in unserem Innern verwurzelt ist.

Das Problem ist nur: Wer sollte Sie rufen und Ihnen sagen, was Sie mit Ihrem Leben anstellen sollen?

Bei manchen Leuten, die ich getroffen habe, kam dieser Ruf von ihren Eltern, bis sie irgendwann um die Lebensmitte herum aufwachten und realisierten, dass sie die ganze Zeit dem elterlichen Lebensentwurf gefolgt waren.

Bei mir persönlich waren es das Klima an der Hochschule und die Elite-Professoren zusammen mit meinen Kommilitonen, die ständig von steilen Karrieren und Mega-Gehältern schwärmten, die ich mir, sobald ich das Examen in der Tasche hätte, unmöglich entgehen lassen dürfte.

Wenn Sie den „Rufen“ von Eltern, Studienkollegen und anderen nicht trauen können, wem sonst sollten Sie dann vertrauen? Die Antwort haben Sie wahrscheinlich schon erraten: sich selbst!

Das zu tun ist schwieriger, als es zunächst scheint, weil uns vom ersten Schultag an eingetrichtert wurde, auf alles und jeden zu hören, nur nicht auf uns selbst. Die meisten orientieren sich beim Thema Lebensführung an den sie umgebenden Menschen und Einflüssen. In Seminaren ertappe ich mich oft, wie ich mitschreibe, was der Seminarleiter oder kluge Köpfe aus der Gruppe sagen, statt zu notieren, was *ich* denke und sage. Überall suchen wir nach Rat und Lenkung, außer bei uns selbst.

Als ich entdeckte, dass ich die Antwort, nach der ich die ganze Zeit gesucht hatte, bereits in mir trug, war das eine regelrechte Offenbarung.

Warum habe ich dieses Programm entwickelt?

Nach meiner Rückkehr aus dem Kloster erzählte ich jedem, den ich traf und der seine berufliche Existenz in Frage stellte, von meiner Erfahrung. Zu meiner Überraschung stellte ich fest, dass mehr Menschen, als ich geglaubt hatte, mit ihrer beruflichen Situation unzufrieden sind. In den USA liegt diese Quote bei 42 bis 72 Prozent. Die Unzufriedenheit hat unterschiedliche Gründe.

Leider ist es etwas völlig anderes, ob man jemandem von einem Programm erzählt oder es am eigenen Leib durchexerziert.

Nicht jeder, der in seinem Job unzufrieden ist, dürfte allerdings bereit sein, sieben Tage in einem Kloster zu verbringen wie ich es getan habe, oder andere „radikale“ Wege zu beschreiten.

Als ich das vorliegende Programm konzipierte, hielt ich mich daher an das Motto: „Das Beste beibehalten und den Rest neu erfinden."

Ich arbeitete eng mit Dr. Sherry Rossiter zusammen, einer erfahrenen Psychologin und Karriereberaterin, die tausenden von Klienten geholfen hat, ihrem beruflichen Leben die entscheidende Wende zu geben.

Gemeinsam entwickelten wir einen einzigartigen, interaktiven und wissenschaftlich fundierten Prozess, den Sie bequem von zu Hause aus und nach Ihrem eigenen Zeitplan durchführen können.

Wie verläuft dieses Programm?

Das Programm besteht aus 15 Modulen („Reflect-Sheets"), die der Reihe nach abgearbeitet werden. Kernstück eines jeden Moduls sind Fragen, die Ihre weitere persönliche und berufliche Entwicklung maßgeblich beeinflussen werden.

Mit jeder neuen Frage werden bestimmte Gefühle und Emotionen an die Oberfläche treiben, die Sie *protokollieren*, um sich danach in der sicheren Anonymität eines Internet-Forums mit Gleichgesinnten auszutauschen, die sich zur gleichen Zeit wie Sie mit denselben Fragen beschäftigen.

Nach und nach entwickeln Sie so ein Profil all Ihrer Stärken und darauf aufbauend eine langfristige persönliche und berufliche Vision, die Sie viele Jahre lang begleiten wird.

Warum sollten Sie dieses Programm jetzt durchführen?

Vielleicht befürchten Sie die Veränderungen, die durch Globalisierung, Outsourcing und Zeitarbeit hervorgerufen werden und bald auch Ihre Firma und Ihren Arbeitsplatz betreffen könnten. Vielleicht stehen Sie an einem Wendepunkt und müssen sich entscheiden, ob Sie gehen oder bleiben wollen. Ob Sie sich selbstständig machen sollen oder nicht. Ob Sie das Angebot, in Frührente zu gehen, annehmen sollen oder nicht. Vielleicht langweilen Sie sich aber auch einfach in Ihrem Job und haben bereits eine Ahnung, was Ihr „Traumjob“ oder Ihre „Berufung“ wäre, wenn es keine finanziellen oder anderen Zwänge gäbe. Tragischerweise entspricht die Kluft zwischen „eine Ahnung haben“ und „sicher sein“ der Kluft zwischen „Tagträumerei“ und „Realität“.

Sie mögen einwenden, dass Sie sich die Verwirklichung Ihrer Tagträume niemals leisten könnten, weil Sie Ihren Lebensunterhalt bestreiten, Ihre Rechnungen bezahlen, für sich und Ihre Familie die Brötchen verdienen müssen. Wie immer Ihr Traum aussieht – von da, wo Sie jetzt stehen, mag er Ihnen vollkommen unvernünftig und unerreichbar vorkommen. Und doch gibt es zig andere, die ihre Träume bereits leben, und das sollten auch Sie!

Oberstes Ziel dieses Programms ist es, Ihnen bei der Antwort auf eine der fundamentalsten Fragen zu helfen, die sich jedes Mitglied unserer heutigen Gesellschaft zwangsläufig stellt: „Was fange ich mit meinem Leben an?“

Aus eigener Erfahrung weiß ich, dass es viel wichtiger und schwieriger ist herauszufinden, „was“ man tun will, statt „wie“ man es am besten tut.

Wir genießen heutzutage unendlich viele berufliche Möglichkeiten. Doch unbegrenzte Möglichkeiten bedeuten auch eine unbegrenzte Verantwortung, sodass es allein Ihre Verantwortung ist, die für Sie richtige Wahl zu treffen. Aber welche Karriere sollten Sie anstreben? Zu welchen Opfern im Hinblick auf Sie selbst und Ihre Familie müssten Sie bereit sein? Wichtiger noch: Sollten Sie Dinge verändern, Risiken eingehen? Oder gibt es eine Methode, Ihre „geheime Leidenschaft“ zu realisieren, ohne Kompromisse in Kauf zu nehmen? Müssen Sie ein mittelmäßiges Leben fristen, nur um Ihr Hab und Gut zu verteidigen?

Zwei Alternativen gibt es, wie Sie die Antworten auf diese Fragen finden:

Entweder Sie experimentieren mal hier, mal dort und finden – wenn Sie Glück haben –, bevor Sie in Rente gehen, einen Job, den Sie mögen und bei dem Sie spontan ein „gutes Gefühl“ haben. Haben Sie dagegen Pech, blicken Sie irgendwann auf Ihr Leben zurück, wundern sich, wo die vielen Jahre geblieben sind und bereuen, nicht das Beste aus Ihrem Leben gemacht, ja es nicht einmal versucht zu haben.

Oder aber Sie ersparen sich alle Umwege und entscheiden sich für dieses Programm, das Ihre Suche beschleunigt und Ihnen einen neuen Weg aufzeigt. Binnen Tagen oder Wochen werden Sie wissen, was Sie tun sollten und haben dann den Rest Ihres Lebens Zeit, um es zu *leben*. Auf diese Weise gewinnt Ihr Leben einen neuen Fokus *und* einen höheren Sinn.

Eingraben und auf bessere Zeiten warten gilt nicht und geht nicht! Umso besser, wenn Sie ein klares Ziel vor Augen haben und genau wissen, wohin Sie wollen – und warum. Machen Sie sich jetzt Gedanken darüber, welche

Rolle und welche Verantwortung Sie für sich oder für Ihre Firma in Zukunft übernehmen wollen ... dann können Sie dem, was da kommt, gelassen und souverän ins Auge blicken. Warum nicht gleich mit diesem Programm anfangen und keine kostbaren Jahre vergeuden? Entscheiden Sie sich für ein Leben ohne Reue. Jetzt!

Wie lange dauert es, bis Sie auf Ihren Traumjob umsteigen können?

Sobald Sie ausklamüsert haben, „was" Sie tun wollen, ist es Ihre Entscheidung, ob und wann Sie anfangen wollen, „es zu leben".

Nach meinen persönlichen Erfahrungen definierte ich als Lebensziel, Menschen zu helfen Ihre wahre Berufung zu finden und ihren Wechsel zu erleichtern. Statt mich sofort an die Arbeit zu machen, zog ich es vor, die Reise zu genießen und meine Familie und mich von so vielen Erfahrungen wie möglich profitieren zu lassen. Wir lebten zeitweise in Deutschland, Belgien, England, Irland, Spanien, Italien, Colorado und Idaho. Viele andere Länder besuchten wir. Wir lernten fünf Sprachen und viele neue Bekannte und Freunde kennen, ganz zu schweigen von den vielen leckeren Rezepten der verschiedenen Länder und Regionen!

Meine Vision zu entdecken, zu entwickeln und aufzuschreiben war so ähnlich, als hätte ich auf Autopilot geschaltet und würde auf magische Weise auf meine ultimative Bestimmung zusteuern. So stark war die Vision, die ich für mich entwickelt hatte, und so sehr identifizierte ich mich über so lange Zeit mit ihr, dass jeder Jobwechsel mich meinem ultimativen Ziel nur noch näher brachte.

Bei anderen vollzieht sich der Prozess schneller. Nachdem sie dieses Programm beendet hatte, krempelte Monica Rydell, eine meiner Klientinnen, ihr Leben binnen weniger Monate komplett um. Sie hatte viele Jahre einen führenden Marketingjob beim deutschen Fernsehsender VOX innegehabt, als sie herausfand, dass ihre wahre Berufung das Schreiben und Produzieren von Country- und Folksongs war. Nachdem sie Gitarre spielen gelernt hatte, dauerte es nur zwei Jahre, bis sie eine Goldene Schallplatte für 250.000 verkaufte Exemplare von „Die Karawane", dem Gassenhauer der Karnevalssaison 1998, in Empfang nehmen durfte.

Dieses Programm hilft Ihnen bei der Definition von Lebenszielen, die mit Ihren Werten, Ihren Fähigkeiten und Ihrem wahren Selbst in Einklang stehen. Nach seiner Beendigung haben Sie die Wahl, ob und wie schnell Sie den Wechsel vollziehen wollen. Wenn Sie das Programm nicht beenden, genießen Sie diese Wahlmöglichkeit nicht.

Welchen weiteren Nutzen bietet Ihnen dieses Programm?

Dieses Programm vermittelt Ihnen ein holistisches – ganzheitliches – Verständnis davon, wer Sie sind und welche berufliche Tätigkeit ideal für Sie wäre. Es entführt Sie in unbekannte Tiefen Ihres Ichs und hilft Ihnen bei der Definition Ihrer wahren Berufung.

Während der Durchführung dieses Programms werden Sie außerdem:

- Ihre positiven Fähigkeiten und Stärken erkennen. (Assistierte Selbstreflexion)

- Einen langfristigen Zukunftsfokus, eine Richtung und einen Sinn entwickeln.
- Zugang bekommen zu praktischen Werkzeugen und einer Gruppe Gleichgesinnter, um zu experimentieren, verschiedene Optionen auszuloten und, sobald Sie bereit dazu sind, auf Ihren Traumjob umzusteigen.

Und Sie werden Wege finden, sich kontinuierlich selbst zu motivieren, damit Sie in der Lage sind, langfristig an Ihrer Entscheidung festzuhalten.
Viel Spaß!

Oliver Fritsch

VocationLab – Was sich hinter dem Programm verbirgt

Ziele und Ergebnisse

Ziel dieses Programms ist es, Ihnen zu helfen, eine kristallklare Vorstellung von Ihrer wahren Berufung im Leben zu entwickeln. Mit anderen Worten: Nach Beendigung des Programms werden Sie einen langfristigen Zukunftsfokus für sich selbst und für Ihr Arbeitsleben entwickelt haben, der im Einklang steht mit Ihrem wahren Selbst. Warum ist das wichtig? Herausragende berufliche Leistungen sind noch längst keine Garantie dafür, dass Sie wirklich glücklich in Ihrem Job sind. Hier klafft fast immer eine Schere, besonders dann, wenn Ihr Job nicht Ihren tief verwurzelten Lebensinteressen entspricht (1999, T. Butler, J. Waldroop). Statt von „tief verwurzelte Lebensinteressen“ sprechen Psychologen manchmal auch von „Sein“, „Selbst“ oder „Seele.“ Egal wie Sie sie nennen – worum es geht, ist, dass Sie Ihre tief verwurzelten Lebensinteressen verstehen und mit Ihrer beruflichen Aufgabe verschmelzen, damit Sie ein erfülltes Leben führen können. Ziel dieses Programms ist daher, dass Sie:

1. Ihre tief verwurzelten Lebensinteressen verstehen
2. eine lebenslange Vision und langfristige Ziele für sich entwickeln
3. eine berufliche Aufgabe finden, die zu Ihrer Vision und Ihrem „Sein“ passt

Die holistische Ausrichtung des VocationLab

Klassische Selbsthilfebücher wie „Durchstarten zum Traumjob" (Richard Bolles, 2000), Berufsverzeichnisse wie Holland's „Self-Directed Search" und Persönlichkeitseinschätzungen wie „The Myers Briggs Type Indicator®" behandeln Teilaspekte der Berufswahl wie Fähigkeiten, Aufgaben, Kommunikationsstile, Vorlieben, Überzeugungen und Persönlichkeitstypen.

Um Ihre wahre Berufung zu finden, sollten Sie aber auf einer höheren Stufe operieren, einen holistischen Ansatz für Ihre Selbstbetrachtung wählen, der *alle* Aspekte Ihrer Persönlichkeit, die in Ihre Arbeit hineinfließen, gleichermaßen berücksichtigt. „Holistisch" bedeutet, dass etwas in seiner Gesamtheit oder ganzheitlich betrachtet wird, statt es in seine Einzelteile zu zergliedern und zu analysieren. Die „holistische Ökologie" beispielsweise sieht Mensch und Umwelt als Einheit, die „holistische Medizin" anerkennt die untrennbare Verflechtung von Körper, Geist und Seele.

Um sich auf diese nächste Stufe zu begeben, könnten Sie sich die Werke berühmter Psychotherapeuten, Psychoanalytiker, Verhaltensforscher, Humanisten und Philosophen wie Carl Rogers, Sigmund Freud, Viktor Frankl, Carl-Gustav Jung, Alfred Adler, Abraham Maslow, Martin Seligman, André Rochais, Erich Fromm und Jean-Paul Sartre zu Gemüte führen.

Eine Zeit sparende Alternative ist das hier vorliegende **VocationLab Sechs-Schritte-Selbstentdeckungssystem**, das die Essenz dieser Werke herausgefiltert und direkt nutzbar gemacht hat. Notieren Sie in diesem Buch einfach

Ihre Antworten auf eine Reihe von eigens formulierten, sehr persönlichen Fragen und teilen Sie Ihre Einsichten anonym mit anderen Programmanwendern im Internet.

Das nachstehende Modell bildet das Fundament dieses Programms, das Ihnen zu einer holistischen Betrachtung Ihrer Person verhilft. Außerdem bildet es den Ausgangspunkt für die Entwicklung einer intensiv gefühlten, langfristigen beruflichen und persönlichen Vision, die in Zukunft Ihre wichtigen Entscheidungen lenken wird.

Vielen Menschen wurde von Schulen, Freunden oder Rollenvorbildern in den Medien beigebracht, ihre Karriereentscheidungen in erster Linie an äußeren Faktoren wie Trends, Prestige, Status, Macht oder Geld aufzuhängen. Für den Anfang ist es wichtig, dass Sie verstehen, exakt welche Faktoren für Ihre früheren Entscheidungen verantwortlich waren, wie gut Sie die Person kennen, die Sie momentan sind, wie Ihre fundamentalen Überzeugungen und Werte lauten und wie sehr Ihre Beziehungen zu anderen Menschen Ihre Entscheidungen beeinflussen. Während Sie die drei Abschnitte des folgenden Kreises durcharbeiten, werden Sie sehr persönliche und manchmal verblüffende Antworten auf all diese Fragen finden.

1. **Meine Ausgangssituation.** Sie werden herausfinden, ob Sie Ihre Energie auf einige wenige Bereiche konzentrieren und andere darüber vernachlässigen oder ob Ihr Leben die richtige Balance hat. Sie werden Persönlichkeitstests oder Werkzeuge, die Sie in der Vergangenheit benutzten, um sich selbst besser kennen zu lernen, erneut betrachten und Ihre früheren Einsichten auffrischen. Sie werden darüber hinaus einen kritischen Blick auf Ihre Werte und Überzeugungen werfen

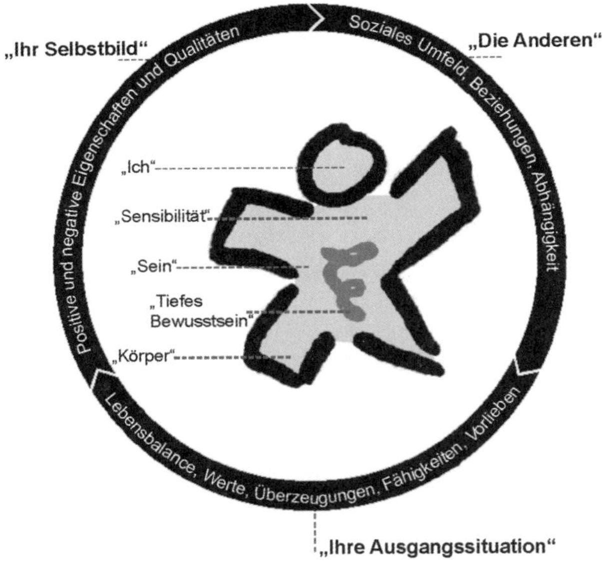

und Ihr tatsächliches Verhalten dagegenhalten, um Abweichungen und Widersprüche aufzudecken.

2. **Mein Selbstbild.** Ihr Selbstbild beeinflusst Ihr Selbstwertgefühl und Ihr tägliches Verhalten. Die Wahrscheinlichkeit, dass Sie in einen lohnenderen Job hineinwachsen, hängt von Ihren Fähigkeiten und Qualifikationen ab, aber mehr noch von der Meinung, die Sie von sich selbst haben. Ihre gegenwärtigen Überzeugungen wurden durch frühere Erfahrungen und das Feedback anderer geformt. Sie werden Ihre positiven und negativen Eigenschaften, wie Sie sie heute sehen, gegeneinander abwägen und bestimmen, wie Ihr aktuelles Selbstbild aussieht.
3. **Die Anderen.** Andere Menschen spielen eine wichtige Rolle bei Ihren Karriere- und Lebensentscheidungen,

egal ob Ihre Interaktion mit diesen Personen in der Gegenwart stattfindet oder schon länger zurückliegt. Als Erstes sehen Sie sich die Quantität und Qualität der Menschen an, die heute Ihren sozialen Kreis ausmachen und Einfluss auf Sie nehmen. Dann finden Sie heraus, ob Sie negative oder positive Abhängigkeiten von diesen Leuten entwickelt haben. Zum Schluss werden Sie die Gelegenheit haben, Ihre Beziehungen neu zu bewerten und Ihr „soziales Portfolio" ins Plus zu bringen.

Wenn Sie Ihre Karriere- und Lebensentscheidungen ausschließlich an den erwähnten äußeren Faktoren aufhängen, wird Sie jeder Job schnell langweilen, weil Sie innerlich unbefriedigt bleiben. Anhand der Übungen in diesem Programm werden Sie verstehen lernen, welche Bedeutung dieses Äußere für Sie hat und wie Sie sie auf ein vernünftiges Maß reduzieren können.

Vielen Leuten wird nie bewusst, dass noch eine weitere Wirklichkeit in ihrem Innern wohnt. Es handelt sich um einen idealen Ort für die Suche nach Ihrer wahren Berufung. „Er wird durch fünf essenzielle Zentren gekennzeichnet." Sie sind wesentlich für unser psychologisches und persönliches Wohlbefinden und Wachstum. 1977 wurden sie von dem französischen Humanisten André Rochais in seinem „PRH Erklärungssystem" als „Angelpunkt-Zentren" bezeichnet.

Die fünf Zentren heißen: das „Sein", das „Ich", die „Sensibilität", der „Körper" und das „Tiefe Bewusstsein". Nur der Körper ist eine physische Einheit, alle übrigen sind psychologische Einheiten. Die ersten vier Zentren werden zwar keinen bestimmten Organen zugeordnet, sind aber in jedem Fall unterschiedlich „lokalisiert", wie Sie später sehen werden. Ich werde Ihnen diese fünf essenziellen Zentren kurz vorstellen und an späterer Stelle näher auf ihre

Bedeutung für die Suche nach Ihrer Berufung und Ihren Entscheidungsfindungsprozess eingehen.

1. **Das „Sein“** verkörpert die Basis, das Fundament oder Herzstück unserer Persönlichkeit. Es ist die Keimzelle persönlichen Wachstums – hier erleben wir die fundamentalsten Freuden unserer Existenz. Psychologen und Theologen gaben dem Sein unterschiedliche Namen. So nannte es der Psychologe Carl Rogers „innerstes Selbst“, während die Christen von „Seele“ sprechen. In den östlichen Religionen ist von „hara“ die Rede. Zu „fühlen“, dass es existiert, setzt dabei weder den Glauben an Gott noch an eine andere spirituelle Wesenheit voraus. Um Ihre wahre Berufung zu finden, müssen Sie als Erstes Ihr wahres Sein freilegen und verstehen.
2. **Das „Ich“** ist unsere Schaltzentrale. Alternativ wird es als Ego, mentaler oder zerebraler Bereich, Geist oder Bewusstseinszentrum bezeichnet. Hier sind drei verschiedene Phänomene unabhängig voneinander aktiv: a) der Intellekt, mit seiner Fähigkeit zu Bewusstsein, Analyse, Verstehen, Reflexion, Argumentation, Imagination, rationalem Denken und Logik; b) die Freiheit oder Gabe, Entscheidungen zu fällen; c) der Wille oder die Fähigkeit, Energien und Kräfte des Körpers zu mobilisieren und so zu steuern, dass Veränderungen in der physischen Welt hervorgerufen werden.
3. **Die „Sensibilität“** oder die „Gefühle“ geben uns die Fähigkeit, mitzufühlen, betroffen zu sein, emotional zu empfinden und auf physische und psychologische Reize zu reagieren. Stellen Sie sich eine Leitflüssigkeit in Ihrem Körper vor, in der Ihr Sein und Ihr Ich treiben. Die Sensibilität vermittelt Botschaften zwischen dem Ich, dem Sein und dem Tiefen Bewusstsein. Sie überstellt auch Nachrichten von außerhalb des Körpers. Ja,

sie vermittelt sogar ihre eigenen Botschaften. Weil sie alle essenziellen Zentren miteinander verbindet, ist die Sensibilität wesentlich für Ihre Selbstkenntnis.
Leider ist unsere Sensibilität kein perfekter Bote, weil Ängste und Altlasten aus der Vergangenheit den Nachrichtentransfer oft stören.

4. **Der „Körper"** ist eine biologische Realität, die uns handeln und Veränderungen in der realen Welt in Gang setzen lässt. Er ist die physische Heimat der anderen vier Zentren. Für ihn gelten bestimmte Funktions-, Entwicklungs- und Alterungsgesetze. In ihm steckt das Potenzial für Widerstandskraft, Langlebigkeit, sprühende Energie und Schönheit, aber auch für fehlende Energie, Müdigkeit und Krankheit.
5. **Das „Tiefe Bewusstsein"** ist der Bereich, an dem die Fäden der vier anderen essenziellen Zentren zusammenlaufen. Hier spüren wir, was gut für uns ist. Eine Voraussetzung für eine gute, ganzheitliche Entscheidung in Bezug auf Ihre Zukunft ist, dass diese Entscheidung für jedes einzelne Ihrer essenziellen Zentren gut ist: gut für Ihr Sein, das wachsen möchte; gut für Ihren Körper, dessen Energiereserven nicht unbegrenzt sind; gut für Ihre Sensibilität, die mit den emotionalen Herausforderungen Ihres neuen Jobs klarkommen muss; und gut für Ihr Ich, das auf eine Einhaltung seiner Prinzipien pochen wird.

Diese Begriffe, die im Augenblick noch verwirrend und vielleicht sogar ein wenig esoterisch klingen mögen, werden an Bedeutung und Klarheit gewinnen, sobald Sie mit der Ausführung der Übungen in diesem Buch beginnen.

Übersichtsdiagramm

Das Diagramm auf der nächsten Seite ist eine Übersicht der einzelnen Schritte des VocationLab Sechs-Schritte-Selbstentdeckungssystems.

Schritt 1	**Meine Ausgangssituation:** Sie prüfen alle früheren Einsichten zu Ihrer Person und beurteilen Ihre gegenwärtige Position. Wie balanciert ist Ihr Leben, wie hoch Ihr Selbstwertgefühl? Wie ist es um Ihre Werte bestellt?
Schritt 2	**Mein Selbstbild:** Sie betrachten das Bild, das Sie von sich selbst haben und wie es sich mit der Zeit verändert hat.
Schritt 3	**Die Anderen:** Sie werfen einen kritischen Blick auf den Einfluss, den andere auf Sie haben, und inwiefern Sie von bestimmten Menschen abhängig sind.
Schritt 4	**Die holistische Erkundung meiner Person:** Sie sehen sich Ihre fünf essenziellen Zentren an und gehen auf die Suche nach Ihren tief verwurzelten Lebensinteressen und Ihrem „Sein“.
Schritt 5	**Die Entwicklung meiner Vision:** Sie entwickeln eine Vision für Ihre berufliche Zukunft.
Schritt 6	**Die Realisierung meiner Vision:** Sie leiten Maßnahmen ein, mit deren Hilfe Sie Ihre berufliche Vision so schnell wie möglich realisieren.

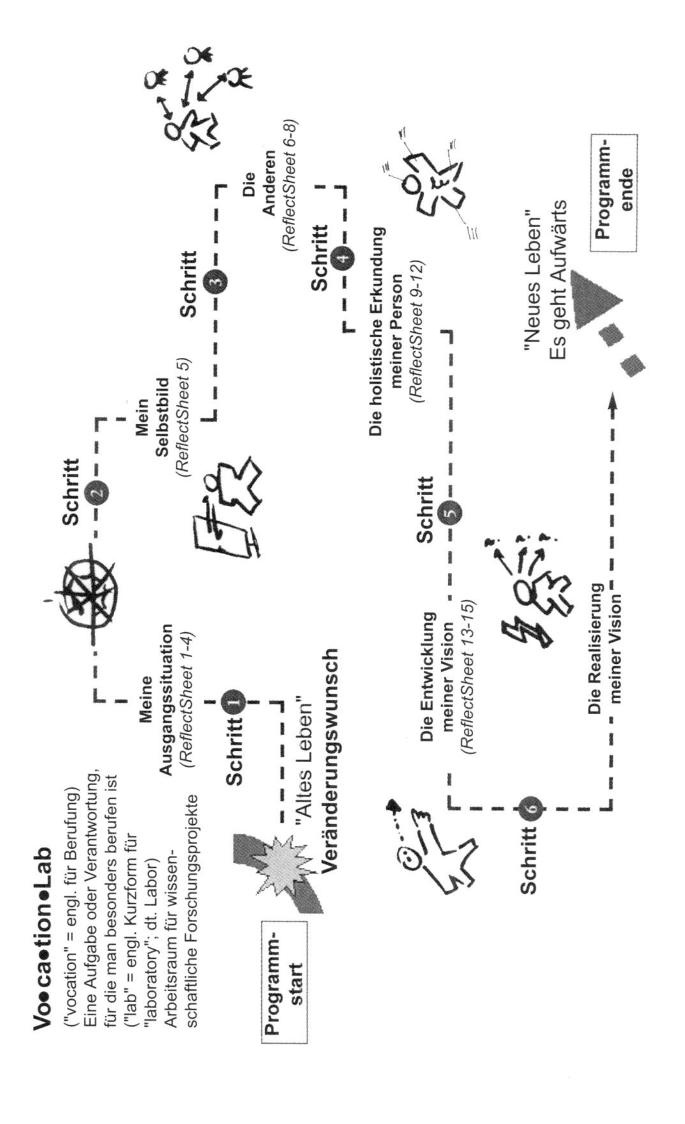
Vo•ca•tion•Lab
("vocation" = engl. für Berufung)
Eine Aufgabe oder Verantwortung,
für die man besonders berufen ist
("lab" = engl. Kurzform für
"laboratory"; dt. Labor)
Arbeitsraum für wissen-
schaftliche Forschungsprojekte
Programm-
start
"Altes Leben"
Veränderungswunsch
Schritt 1
Meine
Ausgangssituation
(ReflectSheet 1-4)
Schritt 2
Mein
Selbstbild
(ReflectSheet 5)
Schritt 3
Die
Anderen
(ReflectSheet 6-8)
Schritt 4
Die holistische Erkundung
meiner Person
(ReflectSheet 9-12)
Schritt 5
Die Entwicklung
meiner Vision
(ReflectSheet 13-15)
Schritt 6
Die Realisierung
meiner Vision
"Neues Leben"
Es geht Aufwärts
Programm-
ende

So funktioniert das VocationLab Programm

Man gewinnt wahre Einsichten zu fast jedem Thema, wenn man nur die richtigen Fragen stellt und Antworten auf sie findet.

Kinder fragen unzählige Male „Warum?“ und erfahren so, wie die Welt funktioniert. Christoph Columbus stellte die Frage: „Warum fallen Schiffe nicht von der Erde runter, wo sie doch angeblich flach ist?“, bevor er seine Segel hisste und Amerika entdeckte.

So ähnlich funktioniert das VocationLab System. Es verwendet einen fundierten Frageprozess, der die Suche nach Ihrer wahren Berufung wesentlich beschleunigt.

Die Komponenten

Das VocationLab System besteht aus zwei Werkzeugen oder „Denkzeugen“:

- dem vorliegenden Buch
- der *alles-anders.com* Website

Beides ist eng miteinander verknüpft und für die optimale Wirkung am besten im Verbund zu benutzen.

Das Buch

Dieses Buch enthält 15 Modulen oder ReflectSheets. Diese sind das Schlüsselinstrument für Ihren beruflichen und persönlichen Selbstentdeckungsprozess. Sie regen zum

Nachdenken an, rufen Ihnen Ihre vergangene Erfahrungen erneut vor Augen und machen obendrein Spaß! Jedes ReflectSheet hat folgenden Inhalt:

- Einige einführende Kommentare und eine Schlüsselfrage, die Sie bearbeiten sollen.
- Ein Arbeitsblatt, auf dem Sie die gestellte Frage schriftlich beantworten. Benutzen Sie aber auch unbedingt weiteres Papier oder legen Sie sich ein Heft an, um für die Entfaltung Ihrer Antworten viel Freiraum zu haben. Lassen Sie sich nicht durch die wenigen Leerzeilen einengen.
- Platz, wo Sie wichtige Einsichten, die Sie durch die Übung und durch den Online-Austausch gewonnen haben, notieren können.
- Psychologische Erläuterungen und eine Empfehlung für Ihre weitere Vorgehensweise.
- Zur Bearbeitung eines Moduls nehmen Sie sich bitte 30 bis 90 Minuten Zeit.

Die Website

Ihre wahre Berufung zu finden, ist eine schwierige und sehr persönliche Angelegenheit, die erleichtert wird, wenn Sie sich mit einer Gruppe Gleichgesinnter über Ihre Erfahrungen austauschen können. Dieser Online-Austausch erfolgt anonym.

Die *alles-anders.com* Website enthält einen passwortgeschützten Bereich, der nur für registrierte Programmanwender zugänglich ist und einen offenen Bereich, in dem jeder Interessierte sich austauschen kann. Klicken auf „Login“ und folgen Sie den weiteren Anweisungen. Um den Austauschbereich zu nutzen, müssen Sie sich einmalig mit Ihren Daten (Nutzername, Passwort aus dem Buch etc.) registrieren. Innerhalb von 48 Stunden werden Sie von mir persönlich „freigeschaltet" und erhalten per E-Mail eine Zugangsbestätigung. Die Nutzung der Community ist für Sie als Buchkäufer kostenfrei.

Die Website ist an die 15 Lernmodule im Buch gekoppelt. Jedes Mal, wenn Sie mit einem ReflectSheet fertig sind, loggen Sie sich ein und gehen auf das Austausch-Forum. Hier bringen Sie Ihre soeben gewonnenen wichtigsten Einsichten zu Protokoll und lesen und notieren die Einsichten anderer Programmteilnehmer.

Reflexion und Lernprozess

Bei der Bearbeitung eines Moduls absolvieren Sie nacheinander fünf Schritte:

1. Sie lesen die Frage.
2. Sie fühlen und „erfahren" die Antwort.
3. Sie schreiben die Antwort auf.
4. Sie teilen die Antwort mit anderen.
5. Sie resümieren und verinnerlichen Ihre Einsichten.

Sie werden mit einer Reihe von Fragen zu sich selbst, Ihrem Verhalten in bestimmten Situationen und Ihren Beziehungen zu Ihren Mitmenschen konfrontiert. Die Antworten auf diese Fragen schreiben Sie von Hand auf, nachdem Sie sich genug Zeit genommen haben, über sie nachzudenken und auf die Gefühle zu hören, die sie in Ihnen wecken.

Im nächsten Schritt teilen Sie Ihre wichtigsten Einsichten mit anderen Programmanwendern auf der *alles-anders.com* Website. Im Gegenzug bekommen Sie Zugang zu den Einsichten anderer, die sich mit derselben Frage auseinander gesetzt haben. Dieser Online-Austausch führt oft zu zusätzlichen Einsichten, die anfänglich vielleicht übersehen wurden.

Das ist der Zeitpunkt, Ihre Antworten erneut zu betrachten und zu verinnerlichen.

Die Fragen dienen dazu, mehr und mehr von Ihren Emotionen, Empfindlichkeiten und verborgenen Wünschen offen zu legen. Jede Frage bildet den Ausgangspunkt für die nächste Frage.

Nachdem Sie alle Fragen in der richtigen Reihenfolge beantwortet haben, sind Sie bereit, zu Ihrem „Sein" vorzudringen, wo Sie Ihre wahre Berufung finden. Danach sind Sie in der Lage, Ihre Zukunft und eine ideale Arbeit zu visualisieren, die zu Ihrer Berufung passt. Bevor Sie diesen beruflichen Wechsel allerdings in der realen Welt vollziehen, sollten Sie auf Nummer sicher gehen, dass Sie wirklich die richtige Entscheidung getroffen haben.

Aus diesem Grund bietet die *alles-anders.com* Website ihren Nutzern die zusätzliche Gelegenheit, sich über täglich gemachte berufliche Erfahrungen auszutauschen. Wenn Sie beispielsweise Künstler sind und davon träumen, als hoch dotierter Manager durch die Welt zu jetten, berichten Sie der Online-Gemeinde von den Höhen und Tiefen Ihres Alltags als Künstler. Mit etwas Glück hat jemand bereits von seinen oder ihren Erfahrungen als Manager berichtet. In der Regel können Sie dann mit diesen für Sie interessanten Leuten per E-Mail in direkten Austausch treten und überprüfen, inwiefern die neue Vision Ihren Erwartungen und Hoffnungen tatsächlich gerecht werden könnte.

Empfehlungen für das Schreiben

Der große Unterschied zwischen diesem Programm und dem Lesen eines anderen Selbsthilferatgebers oder dem Anhören von Kassetten ist der Prozess des Schreibens und Sich-Austauschens.

Die therapeutische Wirkung des Schreibens

Vielleicht haben Sie die positive Wirkung des Schreibens bereits selbst kennen gelernt, als Sie etwas aufschrieben um:

- Ihre Gedanken zu ordnen.
- Ihre Gefühle in Worte zu fassen.
- zu bestimmen, was wichtig für Sie ist und was sich geändert hat.
- ungelösten Problemen auf die Spur zu kommen.
- ein einschneidendes Ereignis in Ihrem Leben zu verarbeiten.

Dutzende von Studien, unter anderem von James Pennebaker (1986), fanden heraus, dass sich die meisten Menschen glücklicher und gesünder fühlen, wenn sie ihre innersten Gedanken und Gefühle über traumatische Ereignisse wie sexuellen Missbrauch, Krieg oder das Durchleiden einer schweren Krankheit wie Krebs zu Papier bringen.

Doch der Effekt des therapeutischen Schreibens ist nicht nur emotional. Eine im April 1999 im *Journal of the American Medical Association* veröffentlichte Studie zeigte, dass expressives Schreiben sogar die Symptome von Asthma und rheumatoider Arthritis abschwächen kann. In einer 1988 im *Journal of Consulting and Clinical Psychology* veröffentlichten Studie verfügten Hochschulstudenten, sechs Wochen nachdem sie über stressvolle Ereignisse in ihrem Leben geschrieben hatten, über aktivere T-Helfer-Zellen – ein Hinweis auf eine besser funktionierende Immunabwehr.

Warum ist das wichtig?

In dem falschen Beruf zu arbeiten oder beruflich unausgefüllt zu sein, kann emotionalen Dauerstress verursachen.

Zahlreichen Studien zufolge schwächt anhaltender emotionaler Stress, der beispielsweise durch Unzufriedenheit oder Mobbing ausgelöst werden kann, das Immunsystem, fördert die Entstehung von Herzerkrankungen und verschlimmert den Verlauf von Arthritis, Asthma und vielen anderen Krankheiten. Eine im Dezember 1998 im *Journal of the National Cancer Institute* veröffentlichte Studie stellte fest, dass bei älteren Menschen, die unter Depressionen litten, die Krebsgefahr fast doppelt so hoch war wie bei Nicht-Depressiven. Dieses Programm gewährt Ihnen die Chance, einen öden Job gegen eine Karriere einzutauschen, die spannend und erfüllend ist, die mit Ihren tiefen Interessen übereinstimmt und so Ihr Leben verlängern kann.

Im Rahmen dieses Programms werden Sie mit einer Reihe von Entscheidungen und Erfahrungen aus Ihrer Vergangenheit konfrontiert werden. Diese aufzuschreiben verleiht Ihnen ein Gefühl von Kontrolle, gibt Ihnen ein besseres Verständnis in Bezug auf Ihre Vergangenheit und hilft Ihnen, einen Weg in eine zufriedenere Zukunft zu finden. Es besteht natürlich auch die Möglichkeit, dass die Konfrontation mit verpassten Gelegenheiten oder falschen Entscheidungen negative Emotionen in Ihnen heraufbeschwört. Diese sind aber meist nur von kurzer Dauer und lassen sich durch den Austausch in der Community schnell lindern. Falls Sie unter krankhaften Depressionen leiden oder sich in psychotherapeutischer Behandlung befinden, sollten Sie zuerst Rücksprache mit Ihrem Therapeuten halten, bevor Sie mit diesem Programm beginnen.

Schreiben von Hand statt mit dem Computer

Die meisten Ihrer Antworten und Einsichten sollten Sie von Hand aufschreiben, statt sie in den Computer einzugeben. Ich weiß, das klingt antiquiert und kleinlich, und vermutlich ist es eine Weile her, seitdem Sie außer einem Einkaufszettel etwas von Hand geschrieben haben. Doch glauben Sie mir, es ist eine vollkommen andere Erfahrung, vor einem leeren Blatt Papier mit einem Füllfederhalter oder anderem Schreibinstrument in der Hand, statt vor einem flackernden Computerbildschirm mit Tastatur und Maus zu sitzen.

Ich selbst arbeite die meiste Zeit am Computer, sodass das Schreiben von Hand mir eine willkommene Distanz zu dieser täglichen Arbeitssituation verschafft. Mit einem manuellen Schreibinstrument fühle ich mich mehr wie ein Künstler, der einen Pinsel in der Hand führt. Plötzlich bin ich nicht mehr festgelegt auf eine sequenzielle Denkweise, bei der ich Zeile um Zeile des Bildschirms volltippe und mir mehr Gedanken über Aussehen und Format des Dokuments als über seinen Inhalt mache. Stattdessen habe ich das Gefühl, in unbekanntes Territorium aufzubrechen, in dem meine Seele frei wandern kann. Mein Menschsein und meine Kreativität fließen durch den Federhalter, meine innersten Gedanken werden mit Tinte auf Papier gebannt.

Die Wahrscheinlichkeit ist hoch, dass ungewöhnliche Dinge im Verlauf dieses Prozesses passieren. Beispielsweise werden Sie Eigenschaften an sich entdecken, von denen Sie nicht wussten, dass Sie sie besitzen. Die Erforschung Ihrer Innenwelten und die schriftliche Dokumentation verhilft Ihnen zu einem besseren Verständnis von sich selbst und dem, was in Ihnen wachsen und gedeihen will.

Weil das Schreiben von Hand gewöhnlich länger dauert als das Schreiben auf einer Tastatur, verlangsamt sich automatisch auch Ihr Denkprozess. Das ist gut so, denn Sie sollen nicht in die Breite, sondern in die Tiefe denken. Die Worte, die Sie auf dem Papier vor sich sehen, setzen ein unbewusstes Feedback in Ihrem Kopf in Gang, das den Inhalt dessen, was Sie schreiben, kritisch überprüft. Zur Abwechslung ist mal nicht derjenige Sieger, der als Erster die Zielgerade überquert, sondern derjenige, der seinem Sein und seiner wahren Berufung am nächsten kommt.

Wenn Sie seit Jahren nichts mehr von Hand geschrieben haben, macht das gar nichts. Die einzige Person, für die Sie schreiben, sind nämlich Sie selbst. Ihre handschriftlichen Aufzeichnungen sind nicht für fremde Augen bestimmt (siehe auch: Hinweise zu Ihrer Sicherheit). Wie Ihre Handschrift aussieht, ist daher völlig egal – Hauptsache, Sie selbst können sie hinterher lesen. Erst später, wenn Sie Ihre wichtigsten Einsichten auf der *alles-anders.com* Website teilen, benutzen Sie hierfür die Tastatur (siehe auch: Empfehlungen für den Online-Austausch).

Ich rate dringend davon ab, einen Bleistift für Ihre Aufzeichnungen zu verwenden. Ein Bleistift erlaubt es Ihnen, Ihre Meinung zu ändern, Ihre „Original"-Gefühle und -Beobachtungen zu redigieren. Sie könnten sogar versucht sein, Ihre persönliche Geschichte Jahre später buchstäblich „auszuradieren", weil sie Ihnen beim erneuten Lesen vielleicht peinlich erscheint. Doch Ihre Fortschritte und Ihr persönliches Wachstum können Sie nur dann richtig einschätzen, wenn Sie sie mit Ihren Anfängen vergleichen.

Denken contra Fühlen: Wie Sie die Fragen beantworten sollten

Viele Menschen, ich selbst eingeschlossen, versuchen, sämtliche Fragen mit dem Kopf zu lösen, nicht mit dem Herzen.

Besonders in einer männlich dominierten Geschäftswelt zählen warme, weiche Gefühle fast immer weniger als kaltes, logisches und faktenbasiertes Denken. Denn Gefühle sind nicht messbar, in einer Diskussion schwierig zu verteidigen und nicht mit Zahlen zu belegen.

Ich selbst startete meine berufliche Laufbahn mit viel Leidenschaft und Emotion, argumentierte eher mit dem Herzen als mit dem Verstand, aber damit kam ich nicht weit. In einem Prozess der Selbstverleugnung, der viele Jahre andauerte, fing ich an, meine wahren Gefühle zu verstecken (weil sie mich nicht weiterbrachten) und mich überwiegend auf die analytische, faktenorientierte Seite meines Gehirns zu verlassen. Nur durch regelmäßiges Schreiben konnte ich diese Art der Selbstverleugnung erkennen und im Laufe der Jahre wieder umkehren. Wenn Sie zur Wurzel Ihres innersten Seins und Ihrer wahren Berufung vordringen wollen, bringen logische Gedankenprozesse Sie nicht sehr weit. Vielmehr sollten Sie sich bei der Beantwortung der Fragen in diesem Programm von Ihrer Sensibilität und Ihren Gefühlen leiten lassen. Für manche ist das leichter, für andere schwieriger.

Nachfolgend finden Sie einige Vorschläge, wie Sie dafür sorgen können, dass Ihr Nutzen aus den Übungen möglichst hoch ist.

Die richtige Stimmung

- Planen Sie, sich mindestens die in Ihrem Lernmodul empfohlene Zeit zu nehmen, um nachzudenken, Ihre Antworten zu fühlen und aufzuschreiben. In der Regel erfordert das zwischen 60 und 90 Minuten.
- Arbeiten Sie nur dann an den Fragen, wenn Sie entspannt, ausgeglichen und zufrieden sind. Wenn Sie sich müde oder niedergeschlagen fühlen, Sorgen oder Konzentrationsprobleme haben, sollten Sie die Finger von der Beantwortung der Fragen lassen.

Die richtige Umgebung

- Sorgen Sie dafür, dass Sie für die Länge der Zeit, die die Bearbeitung eines Moduls erfordert, ungestört bleiben. Ziehen Sie sich in ein ruhiges Zimmer zurück und schließen Sie die Tür. Schalten Sie Musik, Computer, Fernseher, Handy und andere elektrische Geräte aus. Wenn Sie in einer ruhigen Straße wohnen, öffnen Sie die Fenster, damit die frische Luft und die Geräusche der Natur – Wind, Vogelzwitschern etc. – Ihnen beim Entspannen helfen. Nehmen Sie an einem großen, leeren Schreibtisch Platz. Entfernen Sie alles, was den Fluss Ihrer Gedanken und Worte beeinträchtigen könnte.

- Verwenden Sie Ihr Lieblings-Schreibgerät, etwa einen Füllfederhalter oder Kugelschreiber.

Zwölf Empfehlungen für das Schreiben

1. Wichtig: Lesen und beantworten Sie die Fragen in der vorgesehenen Reihenfolge. Versuchen Sie nicht, die Fragen im Kopf zu beantworten, ohne Ihre Gedanken aufzuschreiben. Bitte blättern Sie nicht zur nächsten Frage vor, bevor Sie mit der aktuellen Frage fertig sind – das würde den Ablauf stören und den Nutzen der Übung vereiteln. Bevor Sie mit der nächsten Frage fortfahren, gehen Sie zum Online-Austausch auf die *alles-anders.com* Website.
2. Fangen Sie nicht sofort mit dem Schreiben an. Lesen Sie jede Frage zunächst mehrmals durch.
3. Nachdem Sie die Frage gelesen haben, legen Sie den Stift für einen Moment zur Seite. Horchen Sie in sich hinein und fühlen Sie, ob die Frage an wunde Punkte rührt oder Emotionen in Ihnen aufwühlt. Versuchen Sie, mit dem Herzen (rechte Gehirnhälfte) statt mit dem Verstand (linke Gehirnhälfte) zu denken.
4. Konzentrieren Sie sich beim Schreiben auf die Gefühle und Empfindungen, die in Ihnen aufsteigen. Schreiben Sie auf, was Sie fühlen, ohne das Geschriebene rationell zu bewerten oder zu analysieren.
5. Schauen Sie nach unten, während Sie schreiben – das unterstützt die Konzentration auf das Innere.
6. Schreiben Sie in vollständigen Sätzen. Verwenden Sie keine Abkürzungen oder Stichworte. Schreiben Sie

leserlich und langsam. Dies ist wahrscheinlich das wichtigste Dokument, das Sie in Ihrem ganzen Leben verfassen werden. Die Erfahrung anderer Klienten hat gezeigt, dass Sie es nach Jahren wieder hervorholen und erneut lesen werden.
7. Finden Sie heraus, was in Ihnen lebt. Fürchten Sie sich nicht vor der Erforschung „unbekannten Territoriums".
8. Schreiben Sie, bis Sie sich leer und zufrieden fühlen. Wenn Ihnen der Platz ausgeht, holen Sie sich mehr Papier – aber hören Sie nicht auf zu schreiben!
9. Wenn Sie mit einer Frage fertig zu sein glauben, atmen Sie, entspannen Sie sich und warten fünf Minuten still ab. Treiben in dieser Frist weitere Gefühle an die Oberfläche, notieren Sie auch diese.
10. Teilen Sie nun Ihre wichtigsten Einsichten mit anderen Programmanwendern auf der *alles-anders.com* Website.
11. Ergänzen Sie Ihre Aufzeichnungen durch ausgewählte Einsichten anderer Teilnehmer, mit denen Sie sich identifizieren oder die Sie in Ihrer Reflexion übersehen haben.
12. Ruhen Sie kurz aus, und gehen Sie dann zur nächsten Frage über, sofern Sie noch genügend Energie übrig haben.

Versuchen Sie, sich beim Schreiben zu entspannen. Nicht der Kopf ist der Ort für Empfindungen, sondern der Bereich unterhalb Ihrer Brust – der Solarplexus.

Fangen Sie niemals sofort mit dem Schreiben an. Das ist besonders schwierig für Leute, die es gewohnt sind, sofort mit der Antwort loszuschießen, noch bevor die Frage zu Ende gestellt wurde. Bremsen Sie sich! Sie haben nichts zu verlieren, selbst wenn es eine Weile dauert, bis sich irgendwelche Gefühle und Empfindungen bemerkbar machen.

Wenn Sie sich dabei ertappen, wie Sie das, was Sie schreiben, im Kopf analysieren, hören Sie auf damit! Versuchen Sie, Ihre rational-analytische Seite auszublenden.

Die Erforschung Ihrer Innenwelten und die schriftliche Dokumentation verhelfen Ihnen zu einem besseren Verständnis von sich selbst und dem, was in Ihnen leben will.

Manchmal passieren ungewöhnliche Dinge während dieses Prozesses. Sie werden Eigenschaften an sich entdecken, von denen Sie nicht wussten, dass Sie sie besitzen. Manchmal fallen Ihnen schmerzliche Szenen aus Ihrer Vergangenheit ein, und manchmal werden Sie sogar weinen. Lassen Sie mich Ihnen versichern, dass es sich um einen natürlichen Teil Ihres Selbstentdeckungsprozesses handelt, der Ihnen hilft, Ihre Berufung zu finden. Zur Besorgnis besteht kein Anlass. Da wir nicht die Vergangenheit, sondern nur die Gegenwart ändern und die Weichen für unsere Zukunft stellen können, akzeptieren Sie die Dinge, die Ihnen in der Vergangenheit widerfahren sind, als das, was sie sind: ein Teil Ihrer persönlichen Lebensgeschichte. Erfahrungen, die das Menschsein mit sich bringt.

Empfehlungen für den Online-Austausch

Das Teilen Ihrer Schlüsseleinsichten mit anderen Programmteilnehmern, die wie Sie auf der Suche nach ihrer Berufung sind, ist ein wichtiges Element der VocationLab Lernerfahrung. Das hat mehrere Gründe.

Erstens: Jedes Mal, wenn Menschen zusammenkommen, die ein gemeinsames Ziel haben, entsteht ein Sinn von Gemeinschaft. Wenn Sie im Rahmen unseres Prozesses etwas Neues über sich erfahren, tut es gut, sich jemandem mitzuteilen, der diesen Prozess ebenfalls durchexerziert. Hinzu kommt, dass Sie den Mut finden werden, vor anderen über Ihre Gefühle und Empfindungen zu sprechen, sollte dies ungewohnt für Sie sein.

Zweitens: Der wichtigere Punkt ist der, dass andere Teilnehmer in der Vergangenheit ähnliche Erfahrungen wie Sie gemacht haben mögen, die Sie bei der Beantwortung der Frage aus irgendeinem Grund übersehen haben. Indem Sie diese ähnlichen Erfahrungen kennen lernen und mit Ihren eigenen Einsichten verbinden, erhalten Sie ein genaueres und vollständigeres Bild von sich selbst und von Ihrer Berufung.

Drittens: Der Online-Austausch bietet eine einmalige Gelegenheit für tief gehende und intensive Diskussionen mit anderen Menschen, die man im Alltag nur selten führt. Sie erfahren die reichen Geschichten anderer Menschen, ihre Probleme, ihre Sehnsucht nach einem Leben mit mehr Bedeutung und ihre Strategien im Umgang mit der Vergangenheit.

Natürlich ist jeder Gedankenaustausch freiwillig, doch fest steht: Sie werden auf alle Fälle größeren Nutzen aus diesem Programm ziehen, wenn Sie sich ihm nicht verschließen.

Was sollten Sie teilen?

Wählen Sie jene Einsichten aus, die die größte Relevanz für Sie besitzen.

Bei der Länge gibt es keine Beschränkungen. Teilen Sie so viel oder so wenig wie Sie möchten mit. Ihre Einsichten haben das Potenzial, anderen zu helfen, ebenso wie deren Einsichten Ihnen helfen können.

Einige Anregungen für „mitteilungswürdige" Dinge:

- Schwierigkeiten beim Verstehen von Fragestellungen.
- Erkenntnisse über sich selbst, sowohl positive als auch negative.
- Fragen, die beim Schreiben in Ihnen auftauchten.
- Einsichten, die Sie schockiert oder stark aufgewühlt haben.

Die „Community" auf der *alles-anders.com* Website wurde speziell designt, damit Programmanwender sich hier austauschen können.

Versuchen Sie nicht, Anderen im Modulbereich Ratschläge zu erteilen. Auf unserer Website gibt es einen speziellen Austauschbereich mit dem Namen "Diskutieren Sie hier Ihre Erkenntnisse mit anderen Lesern", der Platz für Diskussionen bietet.

Regeln für den Online-Austausch

Behandeln Sie die Möglichkeit, die privaten Gedanken anderer Teilnehmer zu lesen, wie ein kostbares Geschenk.

- Behandeln Sie alles, was Sie lesen, streng vertraulich und erzählen Sie niemandem davon.
- Versuchen Sie, nichts von dem, was Sie spontan aufgeschrieben haben, zu kürzen oder zu redigieren. Vermeiden Sie, dass Ihr Kopf die redaktionelle Kontrolle über Ihr Herz übernimmt.
- Verwenden Sie keine Wörter oder Formulierungen, durch die andere sich verletzt oder belästigt fühlen könnten.

Wie und wo?

Der Online-Austausch findet in einem passwortgeschützten Bereich der *alles-anders.com* Website statt und erfolgt absolut vertraulich und anonym, sofern Sie dies wünschen.

Mögliche Schwierigkeiten

Je nach Erziehung, Charakterbeschaffenheit und vergangenen Erfahrungen können zwei Situationen eintreten:

1. Sie haben Schwierigkeiten, über sich selbst zu sprechen und sich anderen mitzuteilen. Erforschen Sie, was in Ihrem Innern vorgeht, während Sie dieses Problem haben: WER in Ihrer Vergangenheit ist schuld an Ihrem Schweigen heute? WANN haben Sie beschlossen, zu kapitulieren und Ihre Unfähigkeit zu akzeptieren? Wäre es vielleicht an der Zeit, Ihr Verhalten zu ändern?

2. Sie wollen zu viel mitteilen. Es fällt Ihnen schwer, nur das zu übertragen, was Sie auf dem Papier vor sich haben – Sie möchten mehr Informationen ergänzen. Fragen Sie sich: WARUM verspüre ich diesen Drang? WO in meiner Vergangenheit ist er verwurzelt?
   Noch einmal: Bitte versäumen Sie nicht diesen wichtigen Teil des Programms. Helfen Sie anderen und helfen Sie sich selbst.

Hinweise zu Ihrer Sicherheit

Verschließen Sie Ihr Buch an einem sicheren Ort. Ich rate davon ab, dieses Dokument irgendjemandem zu zeigen, bevor Ihre Arbeit beendet ist. Ja, im Grunde rate ich davon ab, es überhaupt jemandem zu zeigen. Denn es enthält tiefste Einblicke in Ihre Persönlichkeit. Diese hoch sensiblen, privaten und intimen Auskünfte sollten Sie, sofern nicht ausdrücklich von Ihnen gewünscht, mit niemandem teilen. Sie finden es seltsam, den Inhalt dieses Dokuments nicht mit Ihrem Partner, Ihrer Familie oder anderen Personen, denen Sie uneingeschränkt vertrauen, teilen zu sollen? Warum sollten Sie diese Menschen ausschließen? Nun, um zu den Wurzeln Ihrer wahren Persönlichkeit vorzudringen, betreffen einige der gestellten Fragen speziell jene Menschen, die Ihnen besonders nahe stehen. Manchmal helfen diese Menschen Ihnen auf Ihrer Reise, manchmal sind Sie Ihnen aber auch im Weg und hindern Sie daran, so zu sein, wie Sie wirklich sind. Wenn Sie im Vorhinein wissen, dass jemand Ihre Antworten lesen wird und Sie bei der Beantwortung einer Frage herausfinden, dass Sie gerade mit dieser Person Probleme haben, werden Sie nicht die Wahrheit über sie schreiben, um sie nicht zu verletzen. Dieser Akt der Selbstzensur, um es anderen Recht zu machen und ihnen zu gefallen, verstößt gegen das Hauptziel dieses Programms, das ja darin besteht, sich von anderen unabhängig zu machen, selbstbewusster zu werden, eigene Gedanken zu denken, Ihr eigenes Leben zu leben und Ihre wahre Berufung zu finden.

Unterdessen rate ich Ihnen sehr wohl, das Endergebnis Ihres Gedankenprozesses – Ihren Lebenstraum, Ihre Berufung, Ihre Vision dessen, was Sie von nun an verfolgen wollen – mit anderen zu teilen. Ich persönlich teile meine Vision mit absolut allen Menschen – ob diese das wollen oder nicht.

Ihr Vertrag mit sich selbst

Als Zeichen, dass Sie sich selbst und das Programm sehr ernst nehmen, schließen Sie einen Vertrag mit sich. Verhalten Sie sich so, wie Sie es einem Dritten gegenüber tun würden: den Vertrag erfüllen und nicht brechen!

Als Teilnehmer dieses Programms unternehmen Sie eine Reise der Selbstentdeckung und des persönlichen Wachstums – eine Reise, die sowohl herausfordernd als auch lohnend ist.

Sie werden mit Fragen konfrontiert, die teilweise schwierig sind und ans „Eingemachte" gehen. Um vollen Nutzen aus diesem Programm zu ziehen, müssen Sie über ein hohes Maß an persönlicher Integrität verfügen.

Wahre, tiefe Einsichten und daraus resultierendes persönliches Glück lassen sich nicht über Abkürzungen erreichen.

Wenn Sie die Fragen lediglich lesen und im Kopf zu beantworten versuchen, reflektieren Sie nicht intensiv genug, um in jene Tiefen vorzudringen, in denen Ihr wahres Selbst und Ihre echten Interessen verborgen liegen. Für eine erfolgreiche Ausführung des Programms mit dem erwünschten Effekt ist es daher absolut notwendig, dass Sie sich an die Reihenfolge der ReflectSheets halten und jedes von ihnen schriftlich und nicht unter der vorgeschlagenen Zeit bearbeiten.

Auch der Online-Austausch mit anderen Programmanwendern ist außerordentlich wichtig, denn er eröffnet Ihnen Einsichten, die Sie selbst vielleicht übersehen haben. Außerdem bietet er die Gelegenheit, wichtige

Einsichten anonym in einer Gruppe Gleichgesinnter zu teilen und zu diskutieren.

Das sind die wesentlichsten Regeln, an die Sie sich bei der Durchführung des Programms halten sollten.

Mein Vorschlag ist, dass Sie die Leerzeilen nach den folgenden Aussagen ausfüllen und mit Ihrer Unterschrift ergänzen. Nie ein Versprechen zu brechen – weder anderen noch sich selbst gegenüber –, ist ein wichtiger Aspekt persönlicher Integrität.

1. Ich verspreche, alle Übungen sorgfältig und nach bestem Gewissen durchzuführen.
2. Ich verstehe, dass eine Nichteinhaltung der vorgesehenen Übungsreihenfolge meinen Lernerfolg kompromittieren und die gewünschten Einsichten unter Umständen vereiteln wird.
3. Ich verspreche, mich mit anderen Teilnehmern online auszutauschen und deren persönliche Informationen für mich zu behalten.
4. Ich verstehe, dass meine psychische Gesundheit eine Voraussetzung ist, um dieses Programm erfolgreich und problemlos durchführen zu können.
5. Ich bin mir darüber bewusst, möglicherweise Dinge über mich zu erfahren, die beträchtliche Veränderungen und Umwälzungen in meinem Privat- und Berufsleben nach sich ziehen könnten wie zum Beispiel: meine Karriere, mein geografisches Umfeld und/oder die Menschen, mit denen ich mich umgebe.

Ort ______________________________

Name ______________________________

Datum ______________________________

Das VocationLab Sechs-Schritte-Selbstentdeckungssystem

SCHRITT 1: MEINE AUSGANGSSITUATION

Drei drängende Fragen

Manchmal haben wir eine Idee, was wir im Grunde unseres Herzens gern tun würden, wenn es allein nach unseren Wünschen ginge. Doch wir arbeiten weiter an Dingen, die keine Bedeutung für uns haben. Manchmal hoffen wir, eine gute Fee käme vorbei und würde uns helfen, das zu tun, wonach wir uns im Innersten sehnen. Doch wir kleben fest im Alltagstrott mit seinen Aufgaben und Pflichten.Von der guten Fee keine Spur. Wir verschieben unsere Zukunft und unser Glück aus Angst, Trägheit oder weil unser Leidensdruck (noch) nicht groß genug ist, damit wir tatsächlich etwas ändern. Doch unsere Lebensuhr tickt ...

Übung: Notieren Sie Ihre Antworten auf diese drei drängenden Fragen ...
Dauer: 15 Minuten

1. Wenn Sie morgen 20 Millionen Euro im Lotto gewinnen würden, würden Sie Ihren jetzigen Job behalten?

Warum oder warum nicht?

2. Wenn Sie eine tödliche Krankheit hätten und wüssten, dass Sie nur noch ein Jahr zu leben haben, würden Sie Ihren jetzigen Job behalten?

Warum oder warum nicht?

1 2 3 4 5 6 7 8 9 10 11 12 13 14 15
ReflectSheet

3. Wenn Sie ganz sicher wären, nicht zu scheitern, egal was Sie sich vornehmen, würden Sie Ihren jetzigen Job behalten?

____

____

____

Warum oder warum nicht?

____

____

Tauschen Sie sich aus!

Der Augenblick zum Teilen Ihrer wichtigsten Einsichten im Online-Erfahrungsaustausch mit anderen Programmanwendern ist gekommen.

Um größtmöglichen Nutzen aus diesem Programm zu ziehen, sollten Sie erst dann zur nächsten Frage übergehen, wenn Sie diesen Schritt erschöpfend behandelt haben.

Welche drei Schlüsseleinsichten habe ich aus dieser Übung gewonnen?

1. ____

2. ____

3. ____

Welche zusätzlichen Einsichten habe ich im Online-Austausch mit anderen gewonnen?

Erläuterungen und Kommentare

Diese drei einfachen Fragen sind so gestellt, dass Sie mit ihrer Hilfe klären können, ob Sie Ihre Berufung bereits gefunden haben oder aber nicht mehr tun, als einen Beruf auszuüben oder einen Job zu machen. Der Unterschied zwischen den drei Begriffen ist erheblich.

Eine Berufung ist „eine Aufgabe oder Verantwortung, für die man sich besonders berufen fühlt“ eine Aufgabe, die einen Unterschied für Sie ausmacht, Ihrem Leben Bedeutung verleiht und Sie Jahre später, wenn Sie zurückblicken, mit Stolz erfüllt. Weil Sie Ihr Leben einem höheren Sinn, der Arbeit an Etwas, das größer ist als Sie selbst, gewidmet haben, erfahren Sie Glück und Erfüllung.

Ein Beruf – zum Beispiel Architekt oder Rechtsanwalt – ist ein bestimmtes Betätigungsfeld, für das man ausgebildet wurde und das meist dem Erwerb des Lebensunterhalts dient. Beruf und Berufung sind nicht unbedingt dasselbe. Möglicherweise hat man im Verlauf eines Lebens mehrere Berufe, aber nur eine „wahre Berufung“.

Ein Job bezeichnet eine eher zufällige Erwerbstätigkeit, die enger eingegrenzt ist und sich stärker auf den Arbeitgeber bezieht. Am Ende eines Lebens haben Sie vielleicht Mühe, sich an alle Ihre Jobs zu erinnern, nicht weil Ihr Gedächtnis lückenhaft wäre, sondern weil Jobs – speziell Gelegenheitsjobs – oft nicht mehr sind als Mittel zum Zweck, die in erster Linie dem Gelderwerb dienen.

Die drei Fragen sollen auch testen, wie sehr Ihre momentane Arbeit Sie befriedigt, und Ihnen bei der Entscheidung helfen, ob Sie von diesem Programm profitieren werden oder nicht. Wenn Sie auf alle drei Fragen „ja" geantwortet haben, ist die Wahrscheinlichkeit hoch, dass Sie:

- Ihre Arbeit lieben und rundum glücklich mit ihr sind. Sie finden Ihre Arbeit erfüllend und verdienen genug, um Ihren Lebensstil finanzieren zu können. Sie brauchen dieses Programm nicht, außer Sie wollen ein tieferes Verständnis Ihrer Persönlichkeit entwickeln oder neue Wachstumswege für sich erschließen.

Oder:

- Sie haben andere Motive, an Ihrer Tätigkeit festzuhalten. Vielleicht haben Sie es jemandem versprochen, oder Sie haben eine Firma geerbt und fühlen sich nun Ihren Eltern gegenüber moralisch verpflichtet. Solange es Ihr freier Wille ist und Sie glücklich damit sind, setzen Sie Ihren Weg fort. Falls Sie sich jedoch unglücklich fühlen, weil Sie sich gefangen vorkommen oder so, als würden Sie Ihre Zeit verschwenden, und aus Ihrem jetzigen Job oder Beruf rauswollen, ist dieses Programm goldrichtig für Sie.

Mögliche Erklärungen, warum Sie auf einige oder alle Fragen „nein" geantwortet haben:

Wenn Sie morgen 20 Millionen Euro im Lotto gewinnen würden, würden Sie Ihren jetzigen Job behalten? Wenn Sie auf diese Frage „nein" geantwortet haben, bedeutet das, die Hauptmotivation, warum Sie arbeiten, ist das Geldverdienen. Wenn Sie Ihrer Berufung folgen, geschieht das hingegen vollkommen unabhängig von Geld. Sie tun es, weil Sie den inneren Drang dazu verspüren, nicht wegen äußerer Beweggründe wie Geld, Macht oder Status.

Wenn Sie eine tödliche Krankheit hätten und wüssten, dass Sie nur noch ein Jahr zu leben haben, würden Sie Ihren jetzigen Job behalten? Wenn Sie auf diese Frage „nein“ geantwortet haben, bedeutet das, es gibt für Sie eine Reihe von Dingen, die Sie lieber täten, statt mit Ihrer jetzigen Arbeit Ihre Zeit zu „verschwenden“.

Oft bekomme ich hier Antworten wie „Natürlich nicht, lieber würde ich auf Weltreise gehen.“ oder „Ich würde versuchen, meinen Stempel zu hinterlassen.“ (kurz vor zwölf, gewissermaßen) etc. Eine Nein-Antwort auf diese Frage heißt im Grunde nichts anderes, als dass Sie momentan ein Leben voller Kompromisse führen, mit der schwachen Hoffnung, „irgendwann in der Zukunft“ etwas Bedeutsameres zu machen. Leider kann es passieren, dass diese Zukunft niemals kommt. Denn unser Leben ist sehr fragil und oft schneller vorbei, als wir denken. Todkranke Patienten, die nach Diagnose ihrer Ärzte nur noch wenige Monate zu leben hatten, ihre Krankheit dann aber doch in den Griff bekamen, sagen, dass sie, seitdem sie aus erster Hand erlebt haben, wie endlich ihr Leben ist, jede Sekunde so auskosten und gestalten, als sei sie die letzte.

Ich möchte Ihnen ein Gefühl von Dringlichkeit geben und Sie anstiften, all die Dinge, die Sie tun möchten, zu tun, solange Sie noch dazu in der Lage sind – mit anderen Worten: jetzt. Reisen Sie um die Welt, wenn das Ihr Traum ist, hinterlassen Sie Ihren Stempel, besuchen Sie all Ihre Freunde – Hauptsache, Sie tun es jetzt. Wenn Sie Ihre wahre Berufung bereits gefunden haben, lautete Ihre

Antwort auf diese Frage „ja", weil es nichts auf der Welt gibt, das Sie lieber täten.

Wenn Sie sicher wären, nicht zu scheitern, egal was Sie sich vornehmen, würden Sie Ihren jetzigen Job behalten? Wenn Sie auf diese Frage „nein" geantwortet haben, bedeutet das, Sie schöpfen Ihr Potenzial nicht voll aus. Gründe dafür könnten sein, dass Sie sich nicht sehr viel Potenzial zutrauen, in der Vergangenheit schlechte Erfahrungen, darunter berufliche Misserfolge, hinnehmen mussten oder Angst vor dem Scheitern haben. Von Henry Ford (1863-1947) stammt die Weisheit: „Ob Sie glauben, etwas zu können oder es nicht zu können – Sie haben fast immer Recht!" Wenn Sie Ihrer Berufung bereits gefolgt sind, lautete Ihre Antwort „ja", weil „scheitern" ein äußeres Bewertungskriterium ist, das für Sie keine Relevanz besitzt, weil Sie in Ihrem Innern sicher sind, genau das Richtige zu tun.

Der Veränderungskreislauf illustriert die bei Veränderungen stattfindenden Prozesse

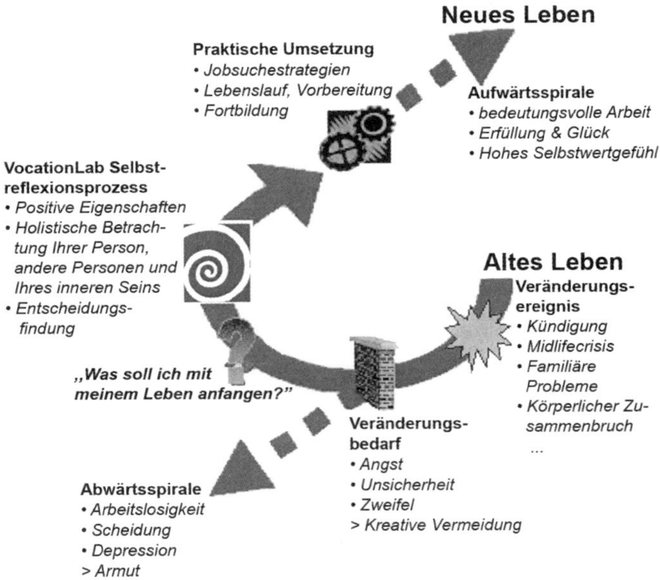

Oft sind wir uns solange nicht wirklich darüber bewusst, wie wir unser Leben leben, bis uns ein plötzliches Veränderungsereignis aus unserem Schlummer reißt. Es gibt viele Arten von „Veränderungsereignissen". Ihnen wird gekündigt, Ihre Kinder ziehen zu Hause aus, Sie erleiden einen Zusammenbruch, Herzinfarkt oder Unfall oder sind mit dem Tod eines nahe stehenden Menschen konfrontiert – all diese Ereignisse können eine Lebenskrise auslösen, die Ihnen vor Augen führt, wie Ihr momentanes Leben aussieht, oder Sie machen eine Bestandsaufnahme und stellen fest, dass Ihr Leben sich nicht so entwickelt hat, wie Sie es sich als junger Mensch erhofft hatten. In dieser Situation haben viele Menschen das Gefühl, gegen eine Mauer zu rennen. Entgeistert fragen sie: „Soll das etwa alles gewesen sein?“ oder „Will ich so den Rest meines Lebens verbringen?“ Diese Mauer erstickt jede Form des Wachstums, der Befriedigung und des Glücks.

Sie spüren einen Veränderungsbedarf, ohne ganz sicher zu sein, was konkret Sie verändern sollten. Angst, Unsicherheit und Zweifel über die möglichen Konsequenzen einer Veränderung können eine Warteschleife der „kreativen Vermeidung“ bewirken. Sie finden alle erdenklichen Ausflüchte, um sich vor der Veränderung zu drücken. Ich persönlich starte gern einen Großputz im ganzen Haus (einschließlich Garage) oder verbringe Stunden vor dem Fernseher – alles, um mich vor meiner intensiv empfundenen und selbst auferlegten Verantwortung zu drücken. Wenn Sie zu lange warten, ist die Gefahr groß, dass Sie in eine Abwärtsspirale geraten, an deren Ende Arbeitslosigkeit, Scheidung, Depression, Armut und andere bittere Erfahrungen stehen. Gelingt es Ihnen hingegen, Ihre Inaktivität abzuschütteln, stellen Sie sich bald die Frage: Was soll ich mit dem Rest meines Lebens anfangen? Das ist der Punkt, an dem Sie anfangen, Ihre Möglichkeiten zu recherchieren. Vielleicht sind Sie im Rahmen dieser Recherche auf das vorliegende Programm aufmerksam geworden. Am besten ist es, Sie entschließen sich nun zu einem intensiven Selbstreflexionsprozess. Nehmen Sie sich Zeit, Ihre sämtlichen positiven Eigenschaften neu kennen zu lernen und sowohl Ihre Person als auch andere Menschen von einem holistischen Standpunkt aus zu betrachten. Worauf es vor allem ankommt, ist, dass Sie in Ihr Inneres eintauchen und herausfinden, wie Sie „ticken“ – wer Sie wirklich sind.

Nur so entschlüsseln Sie Ihre wahre Berufung, der Sie sich mit Leib und Seele verschreiben können. Nachdem Sie eine glasklare Vision entwickelt haben, wie Ihre wahre Berufung aussieht, ist es Zeit für die tatsächliche Veränderung. Schreiten Sie zur praktischen Umsetzung Ihrer Vision, indem Sie bestimmte Strategien der Jobsuche anwenden, Ihren Lebenslauf aktualisieren oder Maßnahmen zu Ihrer Fortbildung einleiten. Das katapultiert Sie in eine Aufwärtsspirale, die Sie in den Genuss einer bedeutungsvollen Arbeit, steigenden Selbstwertgefühls, Erfüllung und Glück bringen wird.

Der Selbstreflexionsprozess ist das Kernstück dieses Programms. Seine Durchführung ist nicht immer einfach, weil er eine Menge Arbeit von Ihrer Seite verlangt. Vor der Entwicklung dieses Programms gab es nur wenige konkrete Ansatzpunkte für Menschen auf der Suche nach ihrer wahren Berufung. Sie haben Glück, weil Sie zur richtigen Zeit das richtige Arbeitsmaterial für Ihre Zwecke gefunden haben. Machen Sie das Beste daraus!

Meine Lebensbalance

Manchmal konzentrieren wir unsere Energien sehr stark auf einige wenige Lebensbereiche und vergessen darüber, dass andere Bereiche ebenfalls wichtig sind. Welche anderen Bereiche haben Sie in letzter Zeit vernachlässigt?

Das Balance-Rad veranschaulicht Ihre aktuelle Situation. Es führt Ihnen vor Augen, wie Sie Ihr heutiges Leben sehen und bewerten. Jede Speiche steht für einen Lebensbereich, der zu Ihrem Gefühl des Glücks und der Befriedigung beitragen kann. Die Bereiche sind:

Aktion/Spannung: Wie hoch ist Ihr Aktionspegel? Ist Ihr Leben eher öde oder spannend? Fühlen Sie sich gefangen in der Alltagsroutine? Erleben Sie jeden Tag etwas Neues? Verlaufen Ihre Tage vorhersehbar oder unvorhersehbar?

Mentale Gesundheit/Glück: In welcher psychischen Verfassung befinden Sie sich? Sind Sie glücklich oder traurig? Werden Sie schnell wütend auf alles und jeden? Oder sind Sie ausgeglichen, entspannt und durch nichts aus der Ruhe zu bringen? Sind Sie wirklich Sie selbst oder fühlen Sie sich unter Druck, Ihr wahres Selbst zu verleugnen und so zu tun, als seien Sie jemand anders?

Freizeit: Wie regenerieren Sie Geist und Körper? Arbeiten Sie rund um die Uhr oder nehmen Sie sich bewusste Auszeiten, in denen Sie nicht an Arbeit, Geld oder Status denken? Gönnen Sie sich Mußestunden, um zu lesen, Sport zu treiben, die Seele baumeln zu lassen, einfach zu sein und Zeit mit den Menschen zu verbringen, die Ihnen nahe stehen?

Arbeit: Wie zufrieden macht Ihre Arbeit Sie? Glauben Sie, dass Ihre Arbeit wichtig ist? Lernen Sie jeden Tag etwas Neues hinzu oder plagen Sie sich mit langweiligen Routineaufgaben? Gehen Sie gern zur Arbeit oder sind Sie lustlos, quälen sich jeden Morgen mühsam aus dem Bett? Fühlen Sie sich durch Ihre Arbeit bereichert oder gestresst? Ernten Sie Anerkennung für das, was Sie tun? Wird an Ihrem Arbeitsplatz viel gelacht?

Gemeinschaftliches Denken: Geben Sie ab und zu etwas zurück an die Gemeinde, in der Sie leben, oder verbringen Sie hier nur Ihre Nächte? Wissen Sie, was in Ihrer Gemeinde vorgeht? Kennen Sie Ihre Nachbarn beim Namen? Beteiligen Sie sich an gemeinnützigen oder nachbarschaftlichen Aktionen?

Spiritualität: Wie ist es um Ihr spirituelles Wachstum bestellt? Entwickeln Sie sich weiter oder ist Ihr geistiges/spirituelles Wachstum zum Erliegen gekommen? Nehmen Sie sich Zeit, um Ihre religiösen oder spirituellen Überzeugungen zu praktizieren?

Lernen/Weiterentwicklung: Lernen Sie jeden Tag hinzu? Feilen Sie kontinuierlich an Ihren Begabungen und Fähigkeiten? Belegen Sie Kurse zur Weiterbildung oder wissen Sie alles, was Sie im Alltag brauchen und halten es für überflüssig, etwas Neues zu lernen? Zwingen Sie sich, neue Herausforderungen anzunehmen, Ihre Komfortzone zu erweitern?

Finanzen: Wie sieht Ihre finanzielle Situation aus? Finden Sie Ihr Gehalt angemessen oder zu niedrig? Können Sie sich den Lebensstil leisten, der Ihnen vorschwebt? Haben Sie genug Geld, Ihren Lebensunterhalt zu bestreiten und die Leute, die Ihnen wichtig sind, zu unterstützen? Schaffen Sie es, etwas für Ihre Rente oder schlechte Zeiten beiseite zu legen, oder sind Sie bis zum Monatsende abgebrannt? Haben Sie Schulden?

Reflexion/Ziele/Träume: Nehmen Sie sich je die Zeit, über Ihr alltägliches Leben nachzudenken? Schreiben Sie ab und zu auf, was Ihnen durch den Kopf geht, oder führen Sie Tagebuch? Nehmen Sie sich die Zeit zum Tagträumen und Ziele stecken? Notieren Sie sich lang- und kurzfristige Ziele oder driften Sie durch Ihr Leben wie ein Stück Treibholz, nie genau wissend, wo Sie landen werden?

Physische Gesundheit/Körper: Wie wichtig ist Ihnen Ihr Körper? Halten Sie ihn durch regelmäßiges Training fit und kümmern sich um ihn? Bekommt er genügend

Ruhe und Schlaf? Die richtige Ernährung? Oder empfinden Sie Ihren Körper als lästig? Pumpen ihn mit Drogen voll und muten ihm allerhand zu? Mögen Sie Ihren Körper? Sehen Sie ihn gern nackt im Spiegel an oder bedecken Sie ihn lieber mit Kleidung?

Freunde/Beziehungen: Wie sind die Beziehungen zu Ihren Freunden? Trotz großer Entfernungen über Jahre hinweg beständig? Lassen Sie mit jedem Umzug alte Freundschaften zurück oder bleiben Sie weiter in Kontakt? Halten sich Geben und Nehmen in Ihren Freundschaften die Waage? Können Sie sich auf Ihre Freunde verlassen – komme was wolle? Können Ihre Freunde sich auf Sie verlassen?

Familie/Beziehungen: Wie ist Ihre Beziehung zu Ihrer Familie? Vergessen Sie nie die Geburtstage Ihres Lebenspartners und Ihrer Kinder? Erleben Sie hautnah, wie Ihre Kinder aufwachsen, oder sind Sie fast nie zu Hause? Behandeln Sie alle Mitglieder Ihrer Familie mit der Würde, Achtung und Liebe, die sie verdienen? Gibt es oft Schreiereien oder gar Gewalttätigkeiten, oder verläuft Ihr Familienleben friedlich und ruhig? Akzeptieren und respektieren Sie gegenseitige Schwächen, oder muss alles nach Ihrem oder dem Kopf Ihres Lebenspartners gehen? Sind Sie glücklich in Ihrer Familie oder wären Sie lieber anderweitig gebunden? Fühlen Sie sich frei oder eingeengt?

Übung: Betrachten Sie das Balance-Rad und verwenden Sie eine Skala von 0 bis 100 Prozent zur Bewertung der einzelnen Bereiche. 0 Prozent ist nahe an der Radnabe und steht für einen niedrigen Zufriedenheitsgrad, 100 Prozent ist nahe am Ende der einzelnen Speichen und steht für einen sehr hohen Zufriedenheitsgrad. Denken Sie ein paar Minuten über jeden der Bereiche nach. Dann setzen Sie jeweils an der Stelle der gestrichelten Linie einen Punkt, von der Sie glauben, dass sie Ihren gegenwärtigen Zufriedenheitsgrad markiert. Nach Bewertung aller Bereiche verbinden Sie die Punkte mit einer Linie und datieren Ihr Balance-Rad.

Dauer: 20 Minuten

Stellen Sie sich nun folgende Frage: Wäre dieses Einrad Ihr Vehikel, mit dem Sie in die Zukunft fahren? Was wäre das für eine Fahrt?

Wäre es eine holprige oder eine ruhige Fahrt?

Erläuterungen und Kommentare

Manchmal konzentrieren wir unseren Blick so sehr auf einen isolierten Aspekt unseres Lebens – etwa auf Karriere, Körper oder Geld –, dass wir alle übrigen Dinge, die unser Leben bereichern und zu unserem Glück beitragen, komplett ausblenden.

Sie verfügen nun über ein Abbild Ihrer Selbstreflexion, das Ihnen hilft, schon bald mehr Balance in Ihrem Leben zu finden.

Folge-Übung: Wenn Ihr Rad über einige robuste Speichen verfügt, in anderen Bereichen jedoch recht mager aussieht, können Sie versuchen, diese mageren Abschnitte aufzupolstern.
Markieren Sie jene zwei bis drei Bereiche, die Sie am liebsten verbessern würden, mit einem Sternchen und schreiben Sie sie hier auf:

Ein weiterer Vorschlag: Kopieren Sie die Seite aus dem Buch, und tragen Sie neben jeden der 12 Bereiche Ihre kurz- und mittelfristigen Ziele ein. Ich empfehle Ihnen, spätestens an jedem Geburtstag ein neues Balance-Rad zu zeichnen und es mit dem der/s Vorjahre(s) zu vergleichen. Sind Sie auf dem Weg der Besserung?

Tauschen Sie sich aus!

Der Augenblick zum Teilen Ihrer wichtigsten Einsichten im Online-Erfahrungsaustausch mit anderen Programmanwendern ist gekommen.

Um größtmöglichen Nutzen aus diesem Programm zu ziehen, sollten Sie erst dann zur nächsten Frage übergehen, wenn Sie diesen Schritt erschöpfend behandelt haben.

Welche drei Schlüsseleinsichten habe ich aus dieser Übung gewonnen?

1. ______________________________

2. ______________________________

3. ______________________________

Welche zusätzlichen Einsichten habe ich im Online-Austausch mit anderen gewonnen?

____

____

____

ReflectSheet 1 2 3 4 5 6 7 8 9 10 11 12 13 14 15

Der Grad meiner Selbstkenntnis

Damit Sie wirklich verstehen, was Ihre Berufung ist und was in Ihnen leben möchte, begleite ich Sie durch einen intensiven Prozess der Selbstreflexion und Selbstentdeckung.
Vielleicht kennen Sie einige der Methoden und Instrumente bereits aus der Vergangenheit, weil Sie zum Beispiel Tagebuch geführt, Seminare besucht, Einkehrtage absolviert oder sich mit dem Feedback von Beratern, Freunden oder Kollegen beschäftigt haben.
Die folgenden Fragen helfen Ihnen, sich diese Instrumente und den gewonnenen Nutzen erneut bewusst zu machen. Ferner helfen sie Ihnen, die Effektivität dieser Instrumente zu beurteilen.

Übung: Notieren Sie Ihre Antworten in der Tabelle.
Dauer: 30 Minuten

1. Welche Methoden haben Sie in der Vergangenheit verwendet, um sich selbst besser kennen zu lernen?
2. Welchen Nutzen haben Sie aus diesen Methoden gezogen?
3. Was hat sich deswegen in Ihrem Leben verändert?

Verwendete Methoden

____

____

____

Gewonnener Nutzen

____

____

____

Veränderungen in meinem Leben

____

____

____

Tauschen Sie sich aus!

Der Augenblick zum Teilen Ihrer wichtigsten Einsichten im Online-Erfahrungsaustausch mit anderen Programmanwendern ist gekommen.

Um größtmöglichen Nutzen aus diesem Programm zu ziehen, sollten Sie erst dann zur nächsten Frage übergehen, wenn Sie diesen Schritt erschöpfend behandelt haben.

Welche drei Schlüsseleinsichten habe ich aus dieser Übung gewonnen?

1. ______________________________
2. ______________________________
3. ______________________________

Welche zusätzlichen Einsichten habe ich im Online-Austausch mit anderen gewonnen?

____

____

____

Erläuterungen und Kommentare

Es verlangt Mut, regelmäßig über das eigene Leben zu reflektieren.

Greg Rodehau war ein neuer amerikanischer Kollege, der mit mir an der Vermarktung neuer Produkte in Italien arbeitete. Bevor er zu unserem Team stieß, war ich der einzige extrovertierte Charakter in unserem Team und offen gestanden der Meinung, als Einziger fähig zu sein, unseren Verkäufern und Vertriebspartnern den Wert unserer Produkte auf leidenschaftliche Weise zu kommunizieren.

Eines Tages, nachdem ich 60 Leuten in einem 30-minütigen Vortrag erklärt hatte, wie man richtig verkauft, und 10 davon mir mit anerkennenden Worten wie „Gut gemacht." oder „Du weißt, worauf's ankommt." auf die Schulter geklopft hatten, kam er zu mir, zog mich in eine leere Ecke und sagte: „Oliver, gestatten Sie mir ein Feedback zu Ihrer Leistung da oben?" Ich schluckte und dachte: „Wer ist dieser Typ, und was gibt ihm das Recht, mich mit ernster Stimme in diese Ecke zu ziehen?" Argwöhnisch und abrupt fragte ich: „Was gibt's?" Daraufhin sagte er: „Wissen Sie, ich fand, dass Sie dort oben ziemlich unhöflich und schnöselig rüberkamen. Während Sie die Folien erklärten, drehten Sie uns die ganze Zeit den Rücken zu, hielten keinen Augenkontakt und knüpften keine Verbindung mit mir als Zuhörer. Hinzu kam, dass Sie uns keine einzige Frage stellten, um uns stärker einzubeziehen. Abgesehen davon war ihre Darbietung nicht übel – und Ihre roten Hosen finde ich echt klasse."

Ich fing an zu schwitzen. Bevor ich zu meiner Selbstverteidigung ansetzen konnte, fuhr er fort: „Wissen Sie, Oliver, mein Ziel im Leben ist es, so sehr wie möglich in meiner Persönlichkeit zu wachsen, und darum bin ich auf der ständigen Suche nach Feedback. Wenn Sie nichts dagegen haben, würde ich Sie gern bitten, sich bei einer meiner Präsentationen Notizen zu machen und mir hinterher zu sagen, was ich verbessern sollte." Das war ausschlaggebend für mich – die Aussicht auf Revanche! „Warte nur, Freundchen." dachte ich im Stillen.

Als ich seiner nächsten Präsentation zuhörte, haute es mich schier aus den Latschen! Sein Energielevel und die Art, wie er seine Zuhörer ansprach, waren unfassbar. Am Ende erntete er jubelnden Applaus und stehende Ovationen. Ich ging zu ihm und meinte: „Nicht übel, aber ich finde, Ihr italienischer Akzent ist stark verbesserungswürdig!" Wir lachten beide. Das war der Beginn einer wundervollen Freundschaft, die bis heute andauert. Seither haben Greg und ich uns immer wieder mit unserem Feedback unterstützt. Natürlich gibt es, wenn man andere um ihr Feedback bittet, immer ein Gefühl von Schwäche und Unzulänglichkeit. In dem Moment, bevor die Person zu ihrem Feedback anhebt, klopft einem das Herz wie wild in der Brust, aber danach fühlt man sich phänomenal, wissend, dass man soeben ein sehr persönliches, weil nur auf das persönliche Wachstum zielendes, Geschenk empfangen hat.

Ich fordere Sie auf, noch heute jemanden, dessen Meinung Sie respektieren, um sein ehrliches Feedback zu Ihrer Leistung zu bitten. Keine leichte Aufforderung, zugegeben, und Sie werden sich etwas unbehaglich in Ihrer Haut fühlen – aber glauben Sie mir, die Überwindung lohnt sich!

Meine Werte und mein Verhalten

Werte sind moralische Gesetze und Prinzipien, die wir unserem Leben und unserer Arbeit zu Grunde legen. Sie stecken den Rahmen ab, in dem wir Entscheidungen treffen und Ziele definieren. Beispiele für Werte sind Unabhängigkeit, Ehrlichkeit, Vertrauen, Loyalität, Vielfältigkeit etc. Die Werte, die wir für uns setzen, sind gedacht, um unser Verhalten im Alltag zu lenken. Wenn wir in Übereinstimmung mit diesen Werten leben, arbeiten und uns verhalten, werden wir glücklich. Manchmal „zwingen" uns äußere Faktoren, uns in einer Weise zu verhalten, die uns „gegen den Strich geht", sprich: gegen unsere Werte. Beispielsweise Ihr Chef bittet Sie, etwas zu tun, das gegen Ihre Prinzipien verstößt. Andere Male verhalten wir uns nicht unseren Werten entsprechend, weil wir sie vergessen haben oder zu faul sind, uns nach ihnen zu richten. In diesem Fall sind wir selbst es, die unsere Werte verraten. Beide Situationen können in emotionalen Frust und körperliche Beschwerden münden. Zweck des folgenden Moduls ist es, Ihre Werte zu definieren bzw. zu überprüfen und mit Ihrem tatsächlichen Verhalten zu vergleichen. Jedes Mal, wenn ein „von Herzen gefühlter" Wert und Ihr tatsächliches Verhalten weit auseinander klaffen, müssen Sie entweder den Wert oder Ihr Verhalten ändern.

Übung: Als Teil dieser Übung kreieren Sie auf Basis einer Wertetabelle zwei vertikale Graphen, die veranschaulichen, wie sehr Sie Ihre Werte im Alltag umsetzen. Die Übereinstimmung zwischen Werten und Handlungen ist so auf einen Blick ablesbar. Falls Sie bei dieser Übung auf Werte stoßen, die wichtig für Sie sind, die Sie aber nicht jeden Tag leben und umsetzen, haben Sie einen Grund für Ihre Unzufriedenheit gefunden. Diese können Sie durch Änderung Ihres Verhaltens in Zukunft beseitigen.

Schritt 1: Auswahl der Werte, die wichtig für Sie sind

1. Lesen Sie die Liste mit den unten stehenden Werten vollständig und sorgfältig durch.
2. Ergänzen Sie am Ende der Tabelle unter „Sonstige ...“ zusätzliche Werte, die ebenfalls wichtig für Sie sind.
3. Versehen Sie jeden Wert mit einem Häkchen (✓), wenn Sie glauben, dieser Wert sei bedeutsam für Sie.

Schritt 2: Einschätzung der Werte und ihrer Wichtigkeit

1. Betrachten Sie alle Werte der Liste und denken Sie über die Wichtigkeit nach, die sie für Sie besitzen.
2. Markieren Sie das Feld unter der Zahl, die die Wichtigkeit des Wertes in Ihrem Alltag am besten wiedergibt, mit einem blauen Sternchen (*). (1 = geringe Wichtigkeit, 5 = hohe Wichtigkeit)
3. Verbinden Sie die blauen Sternchen von oben nach unten mit einer blauen Linie. Auf diese Weise entsteht eine Zickzacklinie.

Schritt 3: Einschätzung Ihres Verhaltens im Alltag

1. Beginnen Sie wieder oben auf der Liste und denken Sie über Ihr tatsächliches Verhalten in Bezug auf jeden Wert nach.
2. Markieren Sie das Feld unter der Zahl, die Ihr tatsächliches Verhalten in Bezug auf den Wert am besten wiedergibt, mit einem roten Sternchen (*). 1 heißt, dass Sie sich nie auf diese Weise verhalten, während 5 bedeutet, dass Sie immer in Übereinstimmung mit diesem Wert handeln.
3. Verbinden Sie die roten Sternchen von oben nach unten mit einer roten Linie. Es entsteht eine rote Zickzacklinie über der blauen Zickzacklinie.

Dauer: 30 Minuten

Beispiel:

Wert	**Wichtigkeit / Verhalten** *(1 = gering, 5 = hoch)*				
	1	2	3	4	5
☑ Neuen Menschen begegnen	*			*	
☑ Mich beruflich weiterentwickeln		*	*		
☑ Dienst an der Menschheit ausüben		**			
☑ Ehrlich sein	*		*		

Wichtigkeit = ___ (Blau)
Verhalten = ___ (Rot)

ReflectSheet 1 2 3 4 5 6 7 8 9 10 11 12 13 14 15

Wert	**Wichtigkeit / Verhalten** *(1 = gering, 5 = hoch)*				
	1	2	3	4	5
Anerkennung genießen					
Arbeit muss höhere Bedeutung haben					
Autorität ausüben					
Neuen Menschen begegnen					
Mich beruflich weiterentwickeln					
Dienst an der Menschheit ausüben					
Ehrlich sein					
Emotional gesund sein					
Engagement zeigen					
Ziele setzen und erreichen					
Familie ist wichtiger als Arbeit					
Freizeit ist wichtiger als Arbeit					
Freundschaften pflegen					
Führungsrolle übernehmen					
Gehöre gern zu einem Team					
Viel Geld verdienen					
Aktiv am Gemeindeleben teilnehmen					
Erreichtes genießen					
Erfindungsreichtum praktizieren					

Intellektuell arbeiten					
Körperlich arbeiten					
Körperlich gesund sein					
Fachkompetenz besitzen					
Kreativ sein					
Kunden dienen					
Künstlerisch tätig sein					
Loyalität von Kunden erarbeiten					
Loyalität von Mitarbeitern erarbeiten					
Macht ausüben					
Mich persönlich weiterentwickeln					
Pflichten erfüllen					
Prestige erzielen					
Reisen können					
Risikobereitschaft ausüben					
Im Rampenlicht stehen					
Mich Selbst verwirklichen					
Selbstwertgefühl steigern					
Sicherheit genießen					
Spirituell erfüllt arbeiten					
Ständig weiterlernen					
Unabhängig sein - arbeite allein					

Abhängig sein - nach Vorgaben arbeiten					
Vielfältige Aufgaben haben					
Ständig Verändern					
Im stabilen Umfeld leben					
Vergnügen und Spaß haben					
Vertrauen genießen und ausüben					
Wettbewerbsfähig sein					
Wohlstand erreichen					
Wohnort wechseln					
(Sonstige Werte – bitte ergänzen) ...					

Erläuterungen und Kommentare

Nun ist es Zeit für eine Analyse der Ergebnisse. Sie haben es mit zwei Zickzacklinien zu tun, die sich an einigen Stellen überlappen und an anderen vielleicht weit auseinander klaffen. Die blaue Linie steht für die relative Wichtigkeit, die ein Wert für Sie besitzt, die rote Linie für Ihr Verhalten in Bezug auf diesen Wert, so wie Sie es selbst einschätzen. Achten Sie bei jedem Wert zunächst auf den Abstand zwischen beiden Linien. Lesen Sie anschließend die jeweils zutreffende Erläuterung unten nach.

Fall 1: Rote und blaue Linie treffen sich oder liegen sehr dicht zusammen.

Beispiel: Sie haben die Wichtigkeit von „Kreativität“ mit 5 und Ihr Verhalten hierzu mit 4 oder 5 eingeschätzt, weil Sie jeden Tag Holzfiguren entwerfen und schnitzen.

Das bedeutet, dass Sie diesen Wert in Ihrem Alltag täglich leben. Oder anders ausgedrückt: Sie praktizieren, woran Sie glauben. Großartig! Strengen Sie sich an, diesen Wert in Zukunft weiterhin zu leben.

Fall 2: Großer Abstand zwischen roter und blauer Linie.

Beispiel: Sie haben die Wichtigkeit von „Körperliche Gesundheit“ mit 5, Ihr Verhalten hierzu hingegen mit 1 eingeschätzt, weil Sie in einem Bergwerk arbeiten, was schlecht für Ihre Gesundheit und obendrein mit akuten Gefahren verbunden ist.

Ein Unterschied von zwei oder mehr Punkten zwischen der Wichtigkeit, die Sie einem Wert beimessen, und Ihrem tatsächlichen Verhalten indiziert, dass Sie Ihre Werte nicht leben oder sich zu oft so verhalten wie andere Leute denken, dass Sie sich verhalten sollten. Beides schadet Ihrem Selbstwertgefühl und Ihrem persönlichen Glück. Sehen wir uns einige Szenarien im Einzelnen an.

- Wichtigkeit des Wertes als hoch (4-5), Verhalten als gering (1-2) eingeschätzt.
  Entweder Sie waren sich bisher nicht bewusst, dass es sich um einen für Sie wichtigen Wert handelt und haben ihn deshalb nicht gelebt, oder das Umfeld, in dem Sie leben und arbeiten, basiert auf einem anderen Wert, der mit Ihrem Wert unvereinbar ist.

Nachdem Sie ihn als wichtig eingeschätzt haben, hängt es allein von Ihnen ab, in Ihrem Leben die nötigen Änderungen vorzunehmen, die es Ihnen erlauben werden, diesen Wert in Zukunft zu leben. Die Verantwortung für diese Entscheidung liegt allein bei Ihnen – warten Sie nicht, dass andere sie für Sie treffen. Sonst werden Sie zum passiven Zuschauer in Ihrem eigenen Leben und berauben sich der Möglichkeit, aktiv Einfluss zu nehmen. Manchmal ist es schwierig, ein auf Ihren Werten basierendes Verhalten in der Realität durchzusetzen, speziell gegen den Widerstand von Kollegen oder Arbeitgebern. Wenn Ihnen „Zeit mit der Familie verbringen“ wichtiger ist als „ein Teamplayer sein“, Ihr Job aber verlangt, dass Sie häufig mit Kunden zum Abendessen gehen, ist die Versuchung groß, dass Sie „umkippen“ und Ihren Wert verleugnen. Es erfordert sehr viel Integrität und Verantwortungsgefühl, in dieser Situation einen Schritt zurückzutreten und zu sagen: „Leider habe ich heute Abend schon etwas anderes vor.“ (in diesem Fall: „mit meiner Familie zu Abend essen“). Solche Verhaltensänderungen geschehen nicht über Nacht – gut möglich, dass Sie einige Wochen oder Monate brauchen, bevor es Ihnen gelingt, Ihr Leben so zu verändern, dass es Ihre Werte besser reflektiert. Doch Ihre Werte zu kennen und die Diskrepanz zu Ihrem aktuellen Lebensstil zu sehen, ist bereits der erste Schritt hin zu einem neuen Leben, in dem Ihr Verhalten deckungsgleich ist mit Ihren Werten, und Sie tatsächlich das praktizieren, woran Sie glauben.

- Wichtigkeit des Wertes als niedrig (1-2), Verhalten als hoch (4-5) eingeschätzt.
  In diesem Fall beschäftigen Sie sich viel mit Dingen, die in Wahrheit nicht wichtig für Sie sind und vergeuden so Ihre kostbare Zeit. Das ist häufig der Fall, wenn

man dem, wovon andere denken, man sollte es tun, zu viel Bedeutung beimisst, weil man versucht, es diesen Menschen recht zu machen. Denkbar ist auch, dass Sie bestimmte Dinge tun, weil Sie in der Vergangenheit zu der Auffassung gelangten, man sollte dieses oder jenes tun, um ein guter Mensch zu sein. Dieses „Sollte"-Dilemma entfaltet eine zerstörerische Kraft und kann im Extrem bewirken, dass Sie ein Leben führen, das nicht ihr eigenes ist. Ehe Sie es sich versehen, hat das „Sollte"-Dilemma Ihr Leben und Ihr Verhalten fest im Griff, und Sie müssen die bewusste Entscheidung treffen, sich von ihm zu lösen.

Einige praktische Beispiele:

Sollte	**An Stelle von**
Ich sollte ein tolles Auto haben.	Ich habe mich entschieden, mein Geld lieber für Reisen auszugeben.
Ich sollte einen gut bezahlten Job haben.	Ich wünsche mir eine sinnvolle Arbeit, unabhängig wie viel man mir dafür bezahlt.
Ich sollte einen Großputz machen und den Rasen mähen.	Ich habe mich entschieden, meine kostbare Freizeit mit meiner Familie zu verbringen und bezahle lieber jemanden, der diese Dinge für mich erledigt.
Ich sollte mich meinem Alter gemäß verhalten.	Mein Alter hat nichts zu tun mit meiner Lust an wildem Tanzen, HipHop, Flirten, Bungeejumping und anderen „Verrückheiten".

Ich sollte eine Fremdsprache lernen.	Ich habe mich entschieden, lieber Dinge zu lernen, die mir tagtäglich im Alltag nutzen, zum Beispiel wie ich „aus nichts“ eine schmackhafte Suppe kochen kann.
Ich sollte blendend aussehen.	Egal wie ich aussehe, bleibe ich ich offen im Geist und strenge mich an, jeden Tag klüger und begeisterungsfähiger zu werden.
Ich sollte bescheiden sein.	Ich genieße mein Leben in vollen Zügen.

Das „Sollte“-Dilemma weckt oft Gefühle der Schuld und Unzulänglichkeit, schlimmer noch: Es tötet Ihr Wesen. Solange Sie es nicht aus Ihrem Leben verbannen, leben Sie dieses von außen nach innen, statt von innen nach außen. Definieren Sie, woran Sie glauben, und verhalten Sie sich auf eine Weise, die mit diesen Glaubenssätzen übereinstimmt. Andere mögen Sie damit nicht immer erfreuen, wohl aber sich selbst.

Fall 3: Einige ähnlich eingeschätzte Werte kollidieren miteinander.

Ein Blick auf die beiden Zickzacklinien genügt leider nicht für eine Bestimmung, welche Werte miteinander kollidieren. Sie müssen sich vielmehr alle Werte mit hoher Wichtigkeit (4 oder 5) ansehen und herausfinden, ob einige davon im Konflikt zueinander stehen.

Wenn Sie zum Beispiel sowohl „Familie wichtiger als Arbeit“ als auch dem Wert „Berufliche Weiterentwicklung“ eine Wichtigkeit von 5 beigemessen haben, heißt das, Sie müssen sich entscheiden, wie Sie Ihre Abende lieber verbringen wollen. Ich persönlich ziehe es vor, die Zeit mit meiner Familie zu verbringen, weil ich mit dieser Entscheidung die Menschen beeinflusse, die mir am nächsten stehen. Mit anderen Worten: Obwohl ich beide auf der Wichtigkeitsskala identisch bewertet habe, begünstige ich in der Praxis den ersten für den zweiten Wert.

Auch Sie werden solche Entweder-oder-Entscheidungen treffen müssen. Wenn Sie miteinander kollidierende Werte als gleich wichtig eingeschätzt haben, müssen Sie früher oder später entscheiden, welches der wichtigere Wert für Sie ist.

Worauf es ankommt: Ein auf der Wichtigkeitsskala höher eingestufter Wert darf niemals für einen weniger wichtigen Wert vernachlässigt werden, selbst wenn das kurzfristig einfacher und unproblematischer wäre. Auf lange Sicht würden Sie für ein solches Verhalten einen hohen Preis zahlen, nämlich an Selbstrespekt und Integrität einbüßen.

Tauschen Sie sich aus!

Der Augenblick zum Teilen Ihrer wichtigsten Einsichten im Online-Erfahrungsaustausch mit anderen Programmanwendern ist gekommen.

Um größtmöglichen Nutzen aus diesem Programm zu ziehen, sollten Sie erst dann zur nächsten Frage übergehen, wenn Sie diesen Schritt erschöpfend behandelt haben.

ReflectSheet 1 2 3 4 5 6 7 8 9 10 11 12 13 14 15

Welche drei Schlüsseleinsichten habe ich aus dieser Übung gewonnen?

1. ____________________

2. ____________________

3. ____________________

Welche zusätzlichen Einsichten habe ich im Online-Austausch mit anderen gewonnen?

____

____

____

Das VocationLab Sechs-Schritte-Selbstendeckungssystem

SCHRITT 2:
MEIN SELBSTBILD

Wie ich mich selbst sehe

Manchmal sind wir uns unserer Begabungen und Fähigkeiten nicht bewusst, weil weder wir selbst noch die Menschen in unserem Umfeld ihnen die Chance zum vollständigen Erblühen gaben. Häufig wählen wir einen Beruf, der unseren Eltern gefällt, aber nichts mit unseren Talenten oder unserer wahren Leidenschaft zu tun hat.
Wir versuchen, fremde Erwartungen zu erfüllen, manchmal ohne uns dessen bewusst zu sein. Der Druck dieser Erwartungen hält uns davon ab, so zu sein und zu leben, wie wir wirklich sind. Sie werden zunächst einen Blick auf das Bild werfen, das Sie heute von sich haben. Dann werden Sie die Ergebnisse zusammenfassen und im Detail erfahren, wie Ihr Selbstbild Ihr Leben beeinflusst.

ReflectSheet 1 2 3 4 5 6 7 8 9 10 11 12 13 14 15

In diesem Modul betrachten Sie verschiedene Aspekte Ihrer Persönlichkeit und wie Sie Ihnen gegenüber empfinden.

Die Persönlichkeitsaspekte sind:

1. **Wie ich mich heute sehe:** Schreiben Sie über die positiven und negativen Eigenschaften, die Sie heute besitzen. Notieren Sie nur das, wovon Sie im Innersten überzeugt sind – nicht wie andere Leute Sie eventuell sehen oder über Sie denken (dazu kommen wir in ReflectSheet 6).
2. **Mein Herz:** Schreiben Sie über den positiven und negativen Einfluss, den Ihr Wesen und Ihre Art mitzufühlen jeden Tag auf Sie selbst und andere Menschen hat.
3. **Meine Gefühle/meine Sensibilität:** Schildern Sie Ihre Fähigkeit sensibel zu reagieren, emotional zu sein, Anteilnahme zu zeigen. Beschreiben Sie die Gefühle, die Sie sich selbst und anderen gegenüber hegen.
4. **Meine Intelligenz:** Beschreiben Sie, inwiefern Ihre Intelligenz Sie weiterbringt oder behindert. (Ihr Intelligenzquotient ist unerheblich für diese Frage.)
5. **Mein Durchsetzungsvermögen:** Beschreiben Sie, wie gut Sie Energien mobilisieren und für sich und andere nutzbar machen können.
6. **Meine Beziehungen zu Anderen:** Beschreiben Sie, wie gut oder schlecht Sie in der Lage sind, Beziehungen zu den Menschen in Ihrem Umfeld zu unterhalten, und welchen Einfluss diese Beziehungen auf Sie haben.
7. **Meine innere Freiheit:** Beschreiben Sie Ihre Abhängigkeit oder Unabhängigkeit von den Dingen und Menschen in Ihrer Umgebung. Wie frei sind Sie wirklich?
8. **Meine Beziehung zu einer höheren Macht:** Welche Beziehung haben Sie (wenn überhaupt) zu einer höhe-

ren Macht (Gott, Buddha, sonstige), die Sie transzendiert? Wie erleben Sie diese Beziehung, ihre positiven und negativen Auswirkungen auf Sie? Gibt sie Ihnen die Antworten, die Sie suchen? Fördert Sie Ihr persönliches Wachstum – ja oder nein?

9. **Was ich tue:** Schreiben Sie auf, wie das, was Sie tun, Ihnen hilft bzw. Sie daran hindert, das zu erreichen, was Sie sich wünschen. Welches sind die positiven und negativen Auswirkungen Ihrer Arbeit? Was tun Sie tagtäglich, das Ihren Erfolg sabotiert (negativ) oder Ihnen bei der Erreichung Ihrer Ziele hilft (positiv)?

Übung: Gehen Sie alle neun Persönlichkeitsaspekte nacheinander durch. Den Anfang macht „1. Wie ich mich heute sehe“. Notieren Sie alles Positive und Negative, das Ihnen zu diesem Punkt einfällt. Schreiben Sie auf, was Sie fühlen. Wenn Sie fertig sind, nehmen Sie ein Lineal und ziehen Sie eine horizontale Linie. Den nächsten Aspekt, „Mein Herz“, in die linke Spalte eintragen. Leiten Sie Ihre Sätze mit „ich“ oder „mein“ ein. Wichtig ist, dass Sie Ihre Gefühle zu Papier bringen. Machen Sie sich keine Sorgen über Ihren Stil oder die sich wiederholenden Satzanfänge. Dieses Dokument ist allein für Ihre Augen bestimmt – für niemanden sonst. Rechnen Sie damit, dass Sie länger als eine Stunde für die Bearbeitung dieser Frage brauchen.

Dauer: 60 Minuten

Was fällt mir zu diesen Persönlichkeitsaspekten ein?

1. Wie ich mich heute sehe
2. Mein Herz
3. Meine Sensibilität
4. Meine Intelligenz
5. Mein Durchsetzungsvermögen
6. Meine Beziehungen zu Anderen
7. Meine innere Freiheit
8. Meine Beziehung zu einer höheren Macht
9. Was ich tue

1. Wie ich mich heute sehe

a) Positive Eigenschaften oder Qualitäten

b) Negative Eigenschaften oder Qualitäten

Bitte die Übung mit den anderen Persönlichkeitsaspekten fortführen. Nehmen Sie hierbei weiteres Papier oder Ihr Heft zur Hand.

Übung: Was fiel Ihnen zuerst ein? Definieren Sie sich eher über Ihre Stärken (positive Eigenschaften) oder über Ihre Schwächen (negative Eigenschaften)?

____

____

____

Übung: Sehen Sie sich nun alle von Ihnen aufgelisteten positiven und negativen Eigenschaften an. Lesen Sie sie erneut und zählen Sie sie.

Wie viele Einträge haben Sie pro positiver oder negativer Eigenschaft gezählt? Ich habe ___ positive und ___ negative Eigenschaften gezählt.

Ausgehend von Ihrem Zählergebnis, welches Bild haben Sie von sich selbst?

Haben Sie:

- ❒ Ein überwiegend positives Selbstbild?
  (Dieses Kästchen ankreuzen, wenn Sie deutlich mehr positive als negative Eigenschaften gezählt haben.)
- ❒ Ein überwiegend negatives Selbstbild?
  (Dieses Kästchen ankreuzen, wenn Sie deutlich mehr negative als positive Eigenschaften gezählt haben.)
- ❒ Weder noch?
  (Dieses Kästchen ankreuzen, wenn Sie etwa gleich viele positive und negative Eigenschaften gezählt haben.)

Wenn Sie ein überwiegend positives oder negatives Selbstbild haben, notieren Sie mögliche Ursprünge oder Gründe für dieses Selbstbild.

Mögliche Ursprünge oder Gründe für mein überwiegend positives oder negatives Selbstbild:

Tauschen Sie sich aus!

Der Augenblick zum Teilen Ihrer wichtigsten Einsichten im Online-Erfahrungsaustausch mit anderen Programmanwendern ist gekommen.

Um größtmöglichen Nutzen aus diesem Programm zu ziehen, sollten Sie erst dann zur nächsten Frage übergehen, wenn Sie diesen Schritt erschöpfend behandelt haben.

Welche drei Schlüsseleinsichten habe ich aus dieser Übung gewonnen?

1. ______
2. ______
3. ______

Welche zusätzlichen Einsichten habe ich im Online-Austausch mit anderen gewonnen?

Erläuterungen und Kommentare

Warum ist es so wichtig, dass Sie Ihr Selbstbild verstehen? Weil das Verständnis Ihrer eigenen Persönlichkeit, Ihrer Fähigkeiten, Stärken und Schwächen täglich all Ihre Handlungen beeinflusst. Manchmal ist man sich des eigenen Selbstbilds bewusst, manchmal nicht.

Unser Selbstbild entwickelt sich im Laufe vieler Jahre – von unserer frühen Kindheit an über sämtliche Lebensstadien hinweg. Jedes Mal, wenn wir eine Aufgabe ausführen, eine Aussage treffen oder einen Gedanken analysieren, wird unser Selbstbild „justiert“ oder angepasst. Auch wenn eine andere Person uns und unsere Leistung beurteilt, rückt das unser Selbstbild zurecht.

Die Selbstbild-Waage

Stellen Sie sich Ihr Selbstbild als eine innere Waage vor, bei der das positive Feedback in die eine, das negative Feedback in die andere Schale wandert. Je nachdem welche Seite mehr Gewicht hat, ist Ihr Selbstbild entweder negativ oder aber positiv und an ein ausreichendes Selbstwertgefühl geknüpft. Unter Selbstbild versteht man das Bild, das wir von uns selbst haben, während mit Selbstwertgefühl die Wertschätzung gemeint ist, die wir uns selbst entgegenbringen. Gemäß den jüngsten Untersuchungen von Dr. Albert Bandura (Stanford University) und Dr. Martin Seligman (University of Pennsylvania) geht die psychologische Wissenschaft davon aus, dass die Stärke und Ausprägung des Selbstbildes, des Selbstwertgefühls und des Optimismus ausschlaggebend sind für Ihr Glücksgefühl, Ihren Antrieb neue Aktivitäten anzufangen und letztlich für Ihren Erfolg. Nachfolgend lernen Sie die zwei wichtigsten psychologischen Mechanismen kennen, die Ihre „Selbstbild-Waage“ beeinflussen.

1. Anpassung des Selbstbilds auf Grund Ihrer Selbstbeurteilung

Lassen Sie mich anhand eines persönlichen Beispiels illustrieren, wie eine positive Selbstbeurteilung mein Selbstbild und damit meine Fähigkeiten in einem bestimmten Bereich verbesserte.

Ich hatte immer Angst davor, vor einem großen Publikum zu sprechen und hielt mich für einen lausigen Redner. Bis zu jenem Tag, als ich bei meiner Abiturabschlussfeier spontan aufstand und eine fünfminütige Stegreifrede über die Höhepunkte unserer gemeinsamen Schulzeit hielt. Ich erntete Applaus von Eltern und Schülern. Dieses Ereignis übte einen positiven Einfluss auf die Einschätzung meiner Redefähigkeit aus und initiierte einen Zyklus positiver Bestärkung. Ich fing an, nach zusätzlichen Gelegenheiten zum Sprechen vor Publikum zu suchen, und akzeptierte nach und nach immer größere Vortragsengagements. Ehe ich mich versah, sprach ich erfolgreich vor einen Saal mit 150 Top-Managern in einer fremden Sprache auf der anderen Seite der Welt. Ich fahndete nach weiteren „Trainingsmöglichkeiten“, um mich noch mehr zu verbessern. Ich besuchte

Seminare und trat Toastmasters bei, einem internationalen Redeclub, der seine Mitglieder in der Kunst der öffentlichen Rede unterrichtet. Je mehr ich mich weiterbildete und übte, umso mehr lernte ich die Feinheiten im Umgang mit dem Publikum beherrschen. Ich fand heraus, wann es am besten war zu improvisieren, die Stimme leidenschaftlich zu erheben, leise zu flüstern, still zu stehen, zackige Gesten zu verwenden und durch eine unerwartete Wortwahl zu überraschen. Inzwischen macht es mir einen Riesenspaß, vor einem Saal voller Menschen zu reden. In diesem Beispiel habe ich selbst für ein positives Gewichtsstück auf meiner Waage gesorgt.

2. *Anpassung des Selbstbilds auf Grund des Feedbacks anderer Leute*

Leider kann ich auch mit einem persönlichen Beispiel aufwarten, wie das negative Feedback anderer unserem Selbstbild schadet und unsere Motivation im Keim erstickt.

Mit sechs bekam ich von meiner Mutter eine schöne Blockflöte geschenkt, weil sie wollte, dass ich ein Instrument lernte. Stolz ging ich zu meinem ersten Musikunterricht. Professor Koester, ein finster aussehender Mann mit Nickelbrille, bat mich aufzustehen und vor der Gruppe das „Kuckuckslied“ zu spielen. Ich hatte noch nie von dem Lied gehört und erst recht keine Ahnung, wie ich mit meinen winzigen Fingern die Öffnungen auf der Flöte verschließen musste, um einen reinen Ton zu erzeugen. Ich beschloss zu improvisieren, und das Ergebnis klang ein wenig so, als wollte ich eine Schlange hypnotisieren. In einer fünfminütigen Lektion vor 20 anderen Kindern überzeugte Professor Koester mich davon, dass ich hoffnungslos unmusikalisch war und eine Schande für jeden Musiker, verstorbene eingeschlossen, wäre. Unnötig zu sagen, dass ich bis heute Mühe habe, ein Instrument zu spielen, obwohl ich Musik über alles liebe. In diesem Beispiel hat eine andere Person für ein negatives Gewichtsstück auf meiner Waage gesorgt, ohne mich um Erlaubnis zu bitten. Im Verlauf unseres Lebens wird unsere Selbstbild-Waage mit vielen solcher negativen Gewichtsstücke beschwert – manchmal merken wir wenn dies geschieht, manchmal auch nicht.

Kinder sind besonders empfänglich für jede Art von positivem oder negativem Feedback. Wir als Erwachsene oder Eltern besitzen daher eine unglaubliche Macht über die Art und Weise, wie Kinder über sich selbst denken. Im nächsten Schritt Ihres Selbstentdeckungsprozesses werden Sie sich Ihre Beziehungen zu anderen Menschen und mögliche Abhängigkeiten, die Sie im Laufe Ihres Lebens entwickelt haben, im Detail ansehen. Damit genießen Sie zugleich die Chance, alle Ihre Kontakte kritisch zu überprüfen und möglicherweise Schluss mit Beziehungen zu machen, die Ihrer Person oder Ihrem Selbstwertgefühl schaden.

> Jetzt wo Sie wissen, dass die Selbstbild-Waage existiert, liegt es an Ihnen, extrem vorsichtig zu sein bei dem, was in ihre positive oder negative Schale wandert, durch wen und aus welchen Gründen. Denn wer auch immer Zugang zu Ihrer Waage gewinnt, gewinnt damit einen wichtigen Einfluss auf Ihr Verhalten und auf Ihre Zukunft!

Das Konzept des Selbstgesprächs

Nun möchte ich Ihnen erklären, warum jede Art von Feedback, die Sie empfangen oder sich selbst geben, ein „Eigenleben" entwickeln kann.

Jeder Erfolg oder Misserfolg initiiert einen Dialog in Ihrem Kopf, der das soeben Geschehene bewertet und bestätigt. Manche Verhaltenspsychologen bezeichnen dieses Phänomen als „Selbstgespräch". Da unser Kopf die Erfahrungen, die wir machen, leider nicht immer korrekt einzuschätzen vermag, kann unser Selbstgespräch zu einer „sich selbst erfüllenden Prophezeiung" werden. Ein primär negativ konnotiertes Selbstgespräch bedingt, dass wir unsere Erfahrungen überwiegend negativ und uns selbst als schwach sehen, während ein primär positiv konnotiertes Selbstgespräch dazu führt, dass wir unsere Erfahrungen positiver und uns selbst als stärker sehen.

Stellen Sie sich das Selbstgespräch als konstanten Dialog vor, den Sie mit sich selbst bewusst oder unbewusst über alles führen, das Ihnen widerfährt. Mit anderen Worten: Sie sind permanent damit beschäftigt, Ihre Erfahrungen zu interpretieren und zu beurteilen, indem Sie auf positive oder negative Weise mit sich selbst sprechen.

Ein Beispiel: Wenn Sie sich für einen schlechten Musiker halten, kommen Sie normalerweise nicht auf die Idee, vor einem großen Orchester um ein Engagement vorzuspielen. Haben Sie es doch getan und wurden abgelehnt, würde Ihr Selbstgespräch etwa so klingen: „Wie konnte ich nur so dumm sein? Ich hätte es besser wissen müssen. Ich weiß, dass ich kein guter Pianist bin. Das Talent zum richtigen Klavierspielen wurde mir nun mal nicht in die

Wiege gelegt. Vielleicht sollte ich mir wieder einen Job als Bedienung in einem Café suchen. Denn da gehöre ich hin – nirgends sonst!" Selbst in dem unwahrscheinlichen Fall, dass Sie das Vorspielen bestehen, würden Sie sich vermutlich einreden: „Ich habe bloß Glück gehabt, denn in Wahrheit bin ich gar nicht gut!" Dieser innere Dialog geht immer weiter und weiter. Seine Wiederholung ist Ihre Bestätigung, dass sein Inhalt stimmt, und so wird er allmählich Teil Ihrer Überzeugungen. Eine Überzeugung ist ein Glaubenssatz oder eine Denkweise, die Ihre Handlungen und Gefühle beeinflusst und steuert. Das Problem ist, dass Ihr Denken und Handeln oft nicht von der tatsächlichen Wahrheit, so wie sie ist, gelenkt wird, sondern von der Wahrheit, so wie Sie sie verstehen.

Wenn Sie sich dagegen für einen guter Musiker halten und beim Vorspielen vor einem großen Orchester durchfallen, werden Sie den Grund dafür in „einfach einem schlechten Tag" oder im schlechten Gehör der Entscheider suchen. Sie werden es erneut probieren und beim nächsten Mal mehr Erfolg haben. Psychologen sprechen von „psychischer Resilienz" oder Unverwüstlichkeit – wenn man sich von Fehlschlägen nicht unterkriegen lässt, weil man sich weigert, diese als Auftakt zu einer Serie des Scheiterns zu sehen. Stattdessen sagt man sich, es habe sich um „puren Zufall", einen „vorübergehenden Blackout" oder einfach um „Pech" gehandelt.

Kontrollieren Sie Ihre Selbstgespräche

Selbstgespräche beeinflussen unser Leistungsniveau. Wenn Sie schlecht über Ihre Fähigkeiten sprechen, werden Sie Ihre Bemühungen in dem bestimmten Bereich früher oder später aufgeben, sich nicht weiterbilden und nicht üben, sodass Ihre Leistung bald tatsächlich so enttäuschend ist, wie Sie es sich die ganze Zeit eingeredet haben. Auch in diesem Fall wird das Selbstgespräch zu einer sich selbst erfüllenden Prophezeiung.

Die gute Nachricht ist, dass dieser Mechanismus in beide Richtungen funktioniert – in die positive und in die negative Richtung. Aus diesem Grund kontrollieren Spitzensportler und andere Top-Performer bewusst die Art, wie sie mit sich selbst sprechen. Ertappen sie sich bei einer negativen Aussage, halten sie sofort inne und kehren sie ins Positive um. Schießt ein Star-Fußballer knapp am Tor vorbei, schimpft er sich nicht: „Ich bin ein Vollidiot. Ständig passiert mir das!“, sondern sagt: „Das sieht mir gar nicht ähnlich! Beim nächsten Mal werde ich den Ball oben links 60 Zentimeter unter der Latte im Tor versenken.“ Er visualisiert exakt, was er tun möchte, bestätigt sich, dass er es tun kann, und dann tut er es!

Es gibt drei Dinge, die Sie von nun an tun sollten, um das neue Maß an Unabhängigkeit und Leistung zu erreichen, das Sie sich wünschen.

1. Achten Sie darauf, was Leute zu Ihnen sagen und warum. Manche Menschen kritisieren alles und jeden. Hören Sie nicht auf sie! Wählen Sie die Leute, auf die Sie hören, sehr sorgfältig aus. Blättern Sie zurück, um sich die negativen Eigenschaften, die Sie sich selbst zugeschrieben haben, erneut anzusehen. Streichen Sie, was Sie nicht länger glauben oder akzeptieren.
2. Entscheiden Sie sich ganz bewusst, Aussagen über Ihr Leistungsniveau, egal ob diese von Ihnen oder von anderen stammen, zu glauben oder nicht zu glauben.
3. Halten Sie jedes Mal, wenn Sie sich bei einem negativen Selbstgespräch ertappen, inne, und formulieren Sie es stattdessen positiv. Einer meiner Lehrer, Lou Tice

vom Pacific Institute in Seattle, hat sich folgenden Trick überlegt: Tragen Sie an Ihrem linken Arm 24 Stunden lang ein Gummiband, an dem Sie jedes Mal, wenn Sie im Geiste eine negative Aussage treffen, kräftig zupfen. Niemand mag den Schmerz, wenn das Gummiband gegen die Haut flutscht, sodass dieser Trick Sie motivieren wird, den Tenor Ihrer Selbstgespräche positiver zu gestalten.

Das VocationLab Sechs-Schritte-Selbstentdeckungssystem

SCHRITT 3: DIE ANDEREN

Was andere über mich sagen

Manchmal reden Leute über uns. Manchmal hören wir ihre Kommentare aus erster, häufiger aber aus zweiter oder dritter Hand. Manchmal sagen sie „wahre“ Dinge über uns, manchmal nicht. Egal was sie sagen, beeinflussen sie damit unser Verhalten, ob wir das mögen oder nicht.
In diesem Modul forschen Sie nach, was andere über Sie sagen und ob Sie damit einverstanden sind oder nicht.

Übung: Schreiben Sie Ihre Antworten in die Tabelle. Falls nötig, verwenden Sie mehr Papier. Bitte denken Sie daran, in kompletten Sätzen zu schreiben.

Dauer: 30 Minuten

Notieren Sie:

- Was sagen Leute, die Sie gut kennen und Ihnen nahe stehen, über Sie?
- Stimmen Sie dieser Meinung zu oder nicht? Das ist die Kernfrage dieser Übung. Wenn Sie nicht einverstanden sind, warum nicht?

Wer	**Sagt was über mich**	**Stimme ich zu oder nicht? Falls nicht, warum nicht? Gründe darlegen.**

Tauschen Sie sich aus!

Der Augenblick zum Teilen Ihrer wichtigsten Einsichten im Online-Erfahrungsaustausch mit anderen Programmanwendern ist gekommen. Überspringen Sie diesen Schritt auf keinen Fall!

Um größtmöglichen Nutzen aus diesem Programm zu ziehen, sollten Sie erst dann zur nächsten Frage übergehen, wenn Sie diesen Schritt erschöpfend behandelt haben.

Welche drei Schlüsseleinsichten habe ich aus dieser Übung gewonnen?

1. ______________________________

2. ______________________________

3. ______________________________

Welche zusätzlichen Einsichten habe ich im Online-Austausch mit anderen gewonnen?

____

____

____

Erläuterungen und Kommentare

In diesem und den folgenden zwei Modulen analysieren Sie Ihre Interaktion mit den Menschen, die Sie umgeben. Warum ist es wichtig, was andere Leute von Ihnen denken? Zum Einen kann Ihr berufliches Fortkommen von der fairen Einschätzung Ihrer Kollegen und Vorge-

ReflectSheet
1 2 3 4 5 6 7 8 9 10 11 12 13 14 15

setzten abhängen. Diese Einschätzung können Sie nur teilweise beeinflussen, da neben den messbaren Leistungsfaktoren auch persönliche Sympathien eine Rolle spielen, die Sie nur bedingt kontrollieren können. Zum Anderen – und das ist der wichtigere Punkt – hat die Meinung anderer oft einen direkten Einfluss auf Ihr Selbstwertgefühl – und damit auf Ihre Motivation und Ihr Leistungspotential. In den folgenden Übungen werden Sie lernen, sich von der Meinung anderer unabhängiger zu machen.

Wie andere mich beeinflussen

Manche Menschen spielen in Ihrem heutigen Leben eine wichtige Rolle. Dabei üben sie durch ihre positiven und negativen Reaktionen einen starken Einfluss auf Sie aus, während Sie danach streben, „Sie selbst" zu sein.
Manche Menschen unterstützen Ihr persönliches Wachstum, andere behindern es.
In diesem Modul analysieren Sie die Menschen in Ihrer Umgebung und finden heraus, wer Ihnen hilft, Sie selbst zu sein, und wer Sie davon abhält.

Übung: Schreiben Sie Ihre Antworten in die Tabelle. Falls nötig, verwenden Sie mehr Papier. Bitte denken Sie daran, in kompletten Sätzen zu schreiben.

Dauer: 30 Minuten

Erstellen Sie eine Liste der Menschen, die Sie umgeben und beeinflussen, beginnend mit der wichtigsten Person. Nun versuchen Sie herauszufinden, wie jeder dieser Menschen Ihnen hilft bzw. Sie davon abhält, Sie selbst zu sein. Stufen Sie dabei den positiven bzw. negativen Einfluss, den diese Menschen auf Sie haben, auf einer Bewertungsskala von 0 bis 10 ein. (0= kein Einfluss, 10 = sehr starker Einfluss)

Name	**Hilft mir, ich selbst zu sein,weil**	**0-10**	**Hält mich davon ab, ich selbst zu sein**	**0-10**

Tauschen Sie sich aus!

Der Augenblick zum Teilen Ihrer wichtigsten Einsichten im Online-Erfahrungsaustausch mit anderen Programmanwendern ist gekommen.

Um größtmöglichen Nutzen aus diesem Programm zu ziehen, sollten Sie erst dann zur nächsten Frage übergehen, wenn Sie diesen Schritt erschöpfend behandelt haben.

Welche drei Schlüsseleinsichten habe ich aus dieser Übung gewonnen?

1. ______________________________

2. ______________________________

3. ______________________________

Welche zusätzlichen Einsichten habe ich im Online-Austausch mit anderen gewonnen?

____

____

____

Erläuterungen und Kommentare

Vom Instinkt her wissen wir alle, wie es sich anfühlt, unsere Zeit mit Menschen zu verbringen, die einen positiven oder negativen Einfluss auf uns haben: Es wirkt sich auf unsere Stimmung und auf unsere Emotionen aus, kann uns mit Energie aufladen oder aber „leer saugen“. Wichtiger noch: Wie wir in ReflectSheet 6 gesehen haben, beeinflussen andere Menschen darüber hinaus auch die Art und Weise, wie wir mit uns selbst reden und uns als Persönlichkeit wahrnehmen, was wiederum direkte Konsequenzen hat auf unsere Fähigkeiten, unsere Einstellung und unser Potenzial, Dinge zu schaffen. Genauso dürfte unser Selbstbild auch unsere Berufswahl beeinflusst haben.

In ihrem Buch „The Nibble Theory“ (Paulist Press, 1989) beschreibt die Autorin Kaleel Jamison den negativen Einfluss, den Menschen auf andere haben können, mit dem Begriff „nibbling“, was im übertragenen Sinn so viel wie „meckern, versteckte oder verhohlene Kritik“ bedeutet.

Wenn zwei Menschen sich treffen, taxieren sie einander und kommen zu einem Urteil, und viele glauben, die einzige Möglichkeit, selbst groß und selbstbewusst zu erscheinen, bestünde darin, den anderen zurechtzustutzen und kleiner zu machen. Also greifen sie zur Waffe der versteckten Kritik. Sie sagen Dinge, die dem Selbstbild der anderen Person einen Stoß versetzen, etwa: „Dir schwirren zu viele Ideen im Kopf herum.“, „Das funktioniert nie und nimmer.“, „Du arbeitest zu viel.“, „Du bist zu empfindlich.“ etc. Jeder dieser Sätze nagt bei mehrfacher Wiederholung am Selbstbild und Selbstwertgefühl, bis von beidem nicht mehr viel übrig ist (to nibble = engl. für „knabbern, anknabbern“, Anm. d. Übersetzerin). Es handelt sich um eine subtile, aber wirkungsvolle Methode, jemanden unmündig und schwach zu halten. Einige konkrete Beispiele und was sie bedeuten:

Versteckte Kritik	Tatsächliche Bedeutung
„Ich glaube nicht, dass wir das tun können. Das haben schon andere probiert und sind gescheitert.	„Was für eine hirnverbrannte Idee! Ich bin gescheiter als du.“
„Ich mag dich genau so, wie du bist.“	„Verändere dich nicht und wachse nicht in deiner Persönlichkeit. Ich mag dich genauso so, wie du bist, nämlich schwächer als ich. Ich will nicht, dass du mir ebenbürtig wirst.“
„Mach dir keine Gedanken – ich kümmere mich darum.“	„Dazu bist du nicht in der Lage – und ich möchte die Lorbeeren einheimsen!“

Menschen meckern und nörgeln aus allen möglichen Gründen. Beispielsweise weil es weniger riskant und mühsam ist als zu wachsen. Verhohlene Kritik verletzt andere und wird anderen zugefügt. Wachsen muss man selbst – und es ist alles andere als leicht.

Schlimmer noch: Manche Menschen machen sich selbst zur Zielscheibe ihrer Nörgeleien, mit der Absicht, sich vor anderen klein zu machen, um von ihnen gemocht zu werden. Wenn Sie das tun und nicht ehrlich zu sich sind – nicht sagen, was Sie denken, fühlen, glauben –, betrügen Sie sich selbst und fühlen sich elend. Ein Gefühl, das dem Epizentrum Ihrer Persönlichkeit – Ihrem

ReflectSheet 1 2 3 4 5 6 7 8 9 10 11 12 13 14 15

„Sein“ – entstammt, auf das wir in ReflectSheet 9 näher eingehen werden.

Folge-Übung: Erinnern Sie sich an eine Zeit, als Sie sich selbst betrogen haben?

Dauer: 10 Minuten

Wann habe ich mich selbst betrogen?

____

____

____

____

Wie habe ich mich dabei gefühlt?

____

____

____

____

Weiß ich, warum ich mich selbst betrogen habe?

____

____

____

____

____

Absender

Name, Vorname

Straße, Hausnummer

PLZ, Ort

Telefon

E-Mail

Diese Postkarte lag im Buch: ....

Ich bin auf das Buch aufmerksam geworden durch:

- Internet
- Buchhandel
- Presse
- Freunde/Bekannte/Familie

- Sonstiges: ....

- Sie dürfen mich auch gerne telefonisch kontaktieren

- Ja, ich möchte den kostenlosen Newsletter zu Ihren Highlights, Specials und Sonderangeboten per E-Mail erhalten

Datum, Unterschrift

- Ich erkläre mich damit einverstanden, dass meine freiwilligen Angaben zusammen mit den für die Abwicklung des Geschäftsvorfalls erforderlichen Angaben vom mvg Verlag, seinen Dienstleistern sowie anderen ausgewählten Unternehmen für Marketingzwecke genutzt werden, um interne Marktforschung zu betreiben und um mich über interessante Angebote zu informieren. Sollte ich dies nicht mehr wünschen, kann ich dies jederzeit schriftlich mitteilen.

Bitte freimachen, falls Marke zur Hand

Antwortkarte

mvg Verlag
Nymphenburger Str. 86
D-80636 München

Meine Abhängigkeit von anderen

In diesem ReflectSheet beschäftigen Sie sich mit der Quantität und Qualität Ihrer Beziehungen zu anderen Menschen.

Mit dem Tag unserer Geburt beginnt unsere Abhängigkeit von unseren Eltern oder Sorgepflichtigen. Wenn wir älter werden, ändert sich dieses Verhältnis. Einige von uns werden unabhängiger, andere bleiben abhängig.

Der Prozess der Abnabelung kann gleitend und friedlich verlaufen, gewaltsam und schwierig oder irgendwie dazwischen.

Unabhängig von Ihren eigenen Erfahrungen ist die Wahrscheinlichkeit hoch, dass Sie manche Ihrer alten Verhaltensweisen und Abhängigkeiten noch nicht vollständig abgelegt haben.

Dieses Modul untersucht Ihre gegenwärtigen Abhängigkeiten und wirft einen neuen Blick auf Ihre Beziehungen.

Warnung

Sie machen die folgenden Übungen auf eigenes Risiko! Wenn Sie noch sehr abhängig von Ihren Eltern oder anderen Personen sind, könnten diese Übungen unangenehme Erkenntnisse für Sie bringen. Sie könnten feststellen, dass Sie, ohne es zu merken, zu lange von anderen abhängig waren. Eine Erkenntnis, die starke Emotionen in Ihnen aufwühlen kann. Zu den Reaktionen einiger Teilnehmer gehörten Frustration, Wut, Schmerz, Zorn und Gefühle von Verrat. Diese Reaktionen sind normal, und bis Ihr Prozess der Heilung abgeschlossen ist, wird es eine Weile dauern. Wenn Sie eine der oben genannten Reaktionen an sich beobachten, empfehle ich Ihnen dringend, auch die Folgeübungen auszuführen, da einige davon Ihre Heilung beschleunigen können. Im Zweifelsfall sollten Sie professionelle Hilfe in Anspruch nehmen.

Übung 1: Blättern Sie zu ReflectSheet 7 zurück. Sehen Sie sich die Menschen an, die Ihnen helfen, Sie selbst zu sein und die Menschen, die Sie zurückhalten. Tragen Sie die Namen der neun Menschen, die Sie am stärksten beeinflussen, in das Diagramm unten ein, geordnet nach der Stärke ihres positiven oder negativen Einflusses. Mit anderen Worten: Die Person, die Ihnen Ihrer Meinung nach am meisten hilft, tragen Sie oben rechts, die Person, die Sie am stärksten zurückhält, unten links in das folgende Diagramm ein.

Dauer: 10 Minuten.

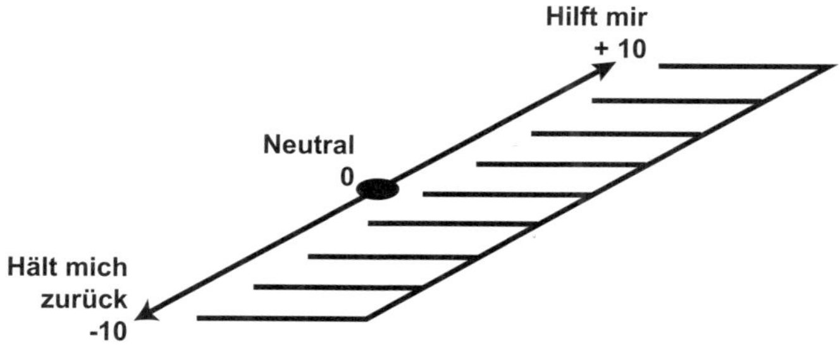

Übung 2: In dieser Übung beschäftigen Sie sich mit der Qualität der Beziehungen, die Sie zu diesen Menschen unterhalten.
Dauer: 30 Minuten

Als Erstes übertragen Sie die Namen dieser Seite in derselben Reihenfolge in das Diagramm auf Seite 133.

Dann vergleichen Sie Ihre Gefühle gegenüber jeder dieser Personen mit den Beschreibungen unten.

Negative geistige Abhängigkeit
Die folgenden negativen Gefühle tauchen auf, wenn Sie mit dieser Person zusammen sind: Sie fühlen sich hilflos, schwach, abhängig, herabgesetzt, nutzlos, kontrolliert, missbraucht, versklavt, gehasst, als schenke man Ihnen kein Vertrauen.

Unmöglichkeitsdenken
Diese Person sieht überall unüberwindbare Hindernisse und Probleme und sagt Dinge wie: „Früher war alles besser.“, „Im Grunde ist jeder machtlos.“, „Ich hasse mein Leben.“, „Ich habe immer Pech.“, „Dazu fehlen mir einfach die Voraussetzungen.“.

Möglichkeitsdenken

Diese Person wittert überall Gelegenheiten und Wachstumsmöglichkeiten und sagt Dinge wie: „Genießen wir jede Sekunde!“, „Wir sollten es wenigstens versuchen.“, „Lass uns ein Risiko wagen!“, „Packen wir's an!“.

Positive geistige Abhängigkeit

Die folgenden positiven Gefühle tauchen auf, wenn Sie mit dieser Person zusammen sind: Sie fühlen sich respektiert, spirituell genährt, unabhängig, stark, gewollt, inspiriert, positiv erregt, positiv herausgefordert, motiviert, besonders, geliebt, als schenke man Ihnen Vertrauen.

Als Nächstes bewerten Sie jede Person. Es genügt, wenn nur zwei der Gefühlsbeschreibungen zu den verschiedenen Überschriften zutreffen. Tragen Sie die Punktzahlen in die Kästen unter dem Namen ein.

Bewertungsskala:

-2: Sie glauben, in negativer geistiger Abhängigkeit zu dieser Person zu stehen.

-1: Auf diese Person trifft die Beschreibung des Unmöglichkeitsdenkers zu.

+1: Auf diese Person trifft die Beschreibung des Möglichkeitsdenkers zu.

+2: Sie glauben, in positiver geistiger Abhängigkeit zu dieser Person zu stehen.

Gesamtergebnis:

Addieren Sie die Punktzahlen für jede Person. Die maximal mögliche Punktzahl pro Person ist –3 bzw. +3.

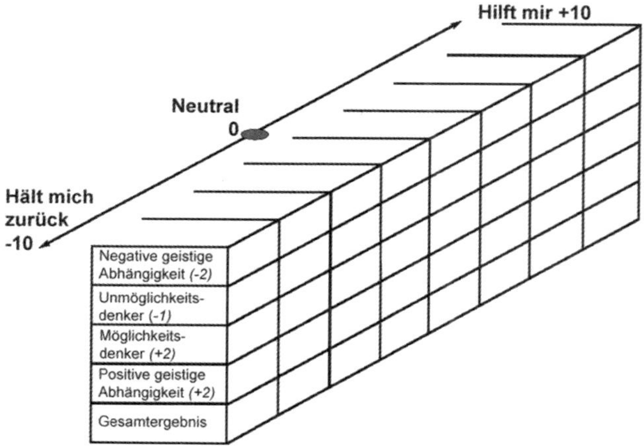

Auswertung:
Sehen Sie sich Ihr Diagramm an. Es enthält Gesamtergebnisse von –3 bis +3.

Die Namen der Personen mit folgenden Gesamtergebnissen umkreisen:

-2 oder –3 ⇨ rot umkreisen
+2 oder +3 ⇨ grün umkreisen

Alle umkreisten Personen üben einen starken Einfluss auf Sie, Ihr Selbstbild und Ihr Selbstwertgefühl aus.

Der Einfluss der rot umkreisten Personen ist negativ.
Der Einfluss der grün umkreisten Personen ist positiv.

Übung 3: Welche Gefühle lösen diese Einsichten in Ihnen aus?

____

____

____

Tauschen Sie sich aus!

Der Augenblick zum Teilen Ihrer wichtigsten Einsichten im Online-Erfahrungsaustausch mit anderen Programmanwendern ist gekommen.

Um größtmöglichen Nutzen aus diesem Programm zu ziehen, sollten Sie erst dann zur nächsten Frage übergehen, wenn Sie diesen Schritt erschöpfend behandelt haben.

Welche drei Schlüsseleinsichten habe ich aus dieser Übung gewonnen?

1. ______________________________
2. ______________________________
3. ______________________________

Welche zusätzlichen Einsichten habe ich im Online-Austausch mit anderen gewonnen?

____

____

____

Erläuterungen und Kommentare

Am Konzept der versteckten Kritik, das in ReflectSheet 7 erläutert wurde, erkennt man, wie sehr Psyche und Überzeugungen in Mitleidenschaft geraten, wenn man permanentem Nörgeln und Unmöglichkeitsdenken ausgesetzt ist.

Noch schlimmer sind die Folgen, wenn man nicht nur die Zielscheibe ständiger Nörgeleien, sondern obendrein in einer negativen geistigen Abhängigkeit gefangen ist.

Wenn Sie geistig abhängig sind, haben Sie zwar das Gefühl, eigene Entscheidungen zu fällen und die Verantwortung für sich übernehmen zu können, doch Sie verleugnen sich selbst, weil Sie sich in einem Zustand der Abhängigkeit befinden. Sie können mit Vater, Mutter oder anderen Personen in einer negativen geistigen Abhängigkeit verbunden sein oder aber mit Institutionen, etwa mit einer religiösen Gemeinschaft oder einer Sekte.

Typischerweise liegt eine geistige Abhängigkeit vor, wenn:

- jemand Autorität oder Kontrolle über Sie besitzt;
- Sie es nicht wagen, sich abzunabeln, weil Sie fürchten, die andere Partei damit zu verletzen oder zu kränken;
- sowohl Sie als auch die andere Partei einen Nutzen aus dieser geistigen Abhängigkeit zieht.

Was tun, wenn Sie geistig abhängig sind?

Ein Problem zu kennen und es aus der Welt zu schaffen, sind meist zwei verschiedene Dinge.

Wenn Sie in ein von Piranhas besiedeltes Gewässer fallen und mitkriegen, wie tausende Piranhas Ihre Fährte aufnehmen, um so lange an Ihnen zu nagen und zu kauen, bis nichts mehr von Ihnen übrig ist, was tun Sie dann?

Ich persönlich würde zu fliehen versuchen und um mein Leben schwimmen!

Dieses ReflectSheet lässt Sie Abhängigkeiten erkennen, die Sie vorher vielleicht übersehen haben. Aber was fangen Sie mit dieser Information an?

An dieser Stelle möchte ich Ihnen eine Lebensregel verraten, die sich für mich als sehr nützlich erwiesen hat, jedes Mal wenn ich mit Situationen konfrontiert war, die mir „gegen den Strich gingen".

Wann immer Sie in eine Situation geraten, in der Sie sich höchst unwohl fühlen, verfügen Sie über drei Möglichkeiten: a) sie lieben, b) sie (auf sich beruhen) lassen oder c) sie ändern.

a) **Lieben:** „Lieben" bedeutet in diesem Kontext, dass Sie die Situation voll und ganz annehmen. Wenn das der Fall ist, brauchen Sie nicht in Aktion zu treten. Seien Sie sich aber sicher, dass Sie die Situation wirklich „lieben" und nicht nur so tun, als ob. Wenn Sie nur vorgeben, sie zu lieben, ohne es wirklich zu tun, betrügen Sie sich selbst und bleiben weiterhin abhängig und unglücklich.
b) **Lassen:** Wenn Sie beschließen, die Situation auf sich beruhen zu lassen, heißt das, Sie nehmen in Kauf, dass das Problem möglicherweise ungelöst bleibt. Das ist völlig in Ordnung. Niemand hat das Recht, Sie zu zwingen, jede Situation oder jedes Problem zu lösen, am allerwenigsten die Person, die Sie beherrscht. Nur Sie sind für sich verantwortlich. Solange Sie sie gegenüber sich selbst und Ihrem „Sein" rechtfertigen können, müssen Sie Ihre Entscheidungen gegenüber niemandem sonst rechtfertigen.

c) **Ändern:** In diesem Kontext bedeutet „ändern“ nicht etwa, dass Sie die andere Partei ändern sollen, damit sie sich Ihnen gegenüber weniger dominant verhält. Um ehrlich zu sein, ist es ein äußerst schwieriges Unterfangen und kostet enorm viel Zeit, irgendjemanden außer sich selbst zu ändern. Der Grund: Solange die betreffende Person nicht selbst beschließt, sich von innen heraus zu verändern, kann keine dauerhafte Veränderung stattfinden.

Menschen bewegen sich durch ihr Leben ähnlich wie ein Schiff, das via Autopilot steuert. Das Schiff befindet sich in direktem Kurs auf sein vorprogrammiertes Ziel. Bei starkem Wind neigt es sich vielleicht zu der einen oder anderen Seite, doch flaut der Wind ab, schaltet es zurück auf Autopilot und nimmt seinen ursprünglichen Zielkurs wieder auf. Genauso können Sie Menschen davon überzeugen, vorübergehend von ihrem „programmierten Kurs“ abzuweichen und sich ein anderes Verhalten zuzulegen, doch solange die Person ihr „inneres Autopilotsystem“ nicht neu programmiert, wird sie schon bald wieder in ihr altes Verhalten zurückfallen. Das Einzige, was Sie daher tun können, ist, anderen bei der Umprogrammierung ihrer Autopilotsysteme unter die Arme zu greifen.

Ein gutes Beispiel sind Drogenabhängige, deren Abhängigkeit längst nicht aufhört, wenn man ihnen ihren Stoff wegnimmt. Sobald sie sich neue Drogen beschaffen können, nehmen sie diese auch. Hinzu kommt, dass die Abhängigkeit von Süchtigen nicht nur psychologischer, sondern auch körperlicher Natur ist. Selbst wenn es ihnen gelingt, Entzugserscheinungen wie Fieber, Zittern, Krämpfe zu bewältigen und ihre körperliche Abhängigkeit so zu besiegen, besteht ihre psychisch-psychologische Abhängigkeit solange weiter, bis sie selbst die bewusste Entscheidung treffen, niemals mehr Drogen anzurühren.

Je nachdem, von wem Sie abhängig sind und wie sehr Sie darunter leiden, können Sie entscheiden, wie sehr und wie lange Sie sich bemühen wollen, diese Person zu ändern. Nörgler in Ihrem Freundeskreis können Sie eine Weile zu ändern versuchen; falls Sie scheitern, sehen Sie sie einfach weniger und suchen Sie sich stattdessen neue Freunde. Wenn Sie von einem Mitglied Ihrer Familie abhängig sind, können Sie entscheiden, Ihren Zeitrahmen etwas weiter zu stecken, aber vergessen Sie nicht: Jeder Tag, an dem Sie unglücklich sind, ist ein verschwendeter Tag.

Es hängt ganz allein von Ihnen ab, was Sie mit den in diesem Modul gewonnenen Einsichten anfangen. Wollen Sie wissen, wie ich es mache? Ich lasse nur Möglichkeitsdenker und Gelegenheitssucher in mein persönliches Umfeld! Das ist übrigens auch der Grund, warum ich nach Amerika gezogen bin: Mir scheint es hier mehr Optimisten und Gelegenheitsgläubige zu geben als irgendwo sonst auf der Welt!

Lösen auch Sie sich aus Ihren Abhängigkeiten!

Das VocationLab Sechs-Schritte-Selbstentdeckungssystem

SCHRITT 4: DIE HOLISTISCHE ERKUNDUNG MEINER PERSON

Mein Sein

Bisher haben Sie sich mit Ihrer Lebensbalance, dem Grad Ihrer Selbstkenntnis, Ihren Werten, Ihrem Selbstbild, den Beziehungen zu anderen Menschen und Ihren Abhängigkeiten beschäftigt.
Die nächsten ReflectSheets betrachten weitere Aspekte, die Ihre Persönlichkeit ebenfalls prägen: Ihr Sein, Ihr Ich, Ihre Sensibilitäten (oder Gefühle) und Ihren Körper.

ReflectSheet 1 2 3 4 5 6 7 8 9 10 11 12 13 14 15

Die folgende holistische Erkundung Ihrer Person ist das wahre Kernelement dieses Programms und erschließt Ihnen eine neue Dimension der Selbstkenntnis.

Mein Sein

Tiefe Selbstkenntnis ist die wichtigste Grundlage für die Wahl eines Berufs, mit dem Sie sich von ganzem Herzen verbunden fühlen.

Das Sein bildet den Kern Ihrer Persönlichkeit. Nur wenn wir unser Sein kennen, kennen wir uns selbst. Die Herausforderung besteht darin, den abstrakten Begriff des Seins mit Bedeutung zu füllen. Das folgende Diagramm macht das Wesen des Seins anschaulicher.

Stellen Sie sich vor, Sie schwimmen in der Mitte eines Ozeans. Sie nehmen das Geschehen um Sie herum wahr und ahnen, dass es ein Riff oder eine Ebene unter Ihnen gibt, die Sie jedoch nicht sehen können – es sei denn, Sie tauchen sehr tief nach unten oder schwimmen zur Küste. Beides ist schwierig zu bewerkstelligen.

Das Sein ist mit einem Riff oder einer Ebene in Ihrem Innern vergleichbar. In der Regel leben wir unser Leben auf der bewussten Ebene, einer Plattform, die auf der Oberfläche des Ozeans treibt. Wenn Sie sich umsehen und die Ohren aufmachen, sehen Sie, was andere tun und hören, was sie sagen und von Ihnen erwarten. Manchmal versuchen Sie, diese Erwartungen zu erfüllen, manchmal nicht. Entsprechend treibt Ihr „Floß des Lebens" mal in die eine, mal in die andere Richtung. Sie spüren, dass tief in Ihrem Innern noch etwas sitzt, können es aber nicht recht ausmachen. Es handelt sich um jene Stelle, von der aus sich hin und wieder so genannte „Bauchgefühle" zu Wort melden, die Sie in eine Richtung lenken wollen, bei denen Sie aber nie hundertprozentig sicher sind, ob Sie ihnen trauen sollen.

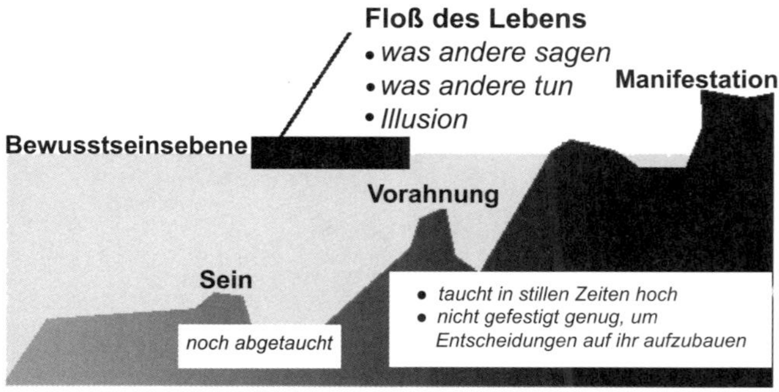

Das Sein befindet sich fast immer „abgetaucht" unterhalb der Bewusstseinsebene, weshalb Sie es nicht unmittelbar greifen oder verstehen können. In stillen Zeiten allerdings, wenn Sie vor einer wichtigen Entscheidung stehen, wenn etwas Sie belastet, Sie ganz und gar Sie selbst sind oder etwas tun, das Sie sehr genießen, treibt ein Stück von Ihrem Sein nach oben. Je besser Sie sich mit Hilfe dieses Programms kennen lernen, umso mehr taucht Ihr Sein aus Ihrem Unterbewusstsein hoch und manifestiert sich. Dann und nur dann können Sie aufhorchen, ob es versucht, Ihnen während Ihrer Entscheidungsfindung etwas zu sagen.

Die folgenden sieben Fragen sind die Eckpunkte einer Spirale, die tiefer und tiefer in Ihr Inneres bohrt, bis sie zu Ihrem Sein vordringt. Diese Serie mit Fragen schaufelt gewissermaßen einen Zugang zu Ihrem Sein frei. Es handelt sich um die aufwändigste und wichtigste Übung des ganzen Programms. Nicht umsonst ist die Spirale ein Sinnbild des VocationLab Firmenlogos.

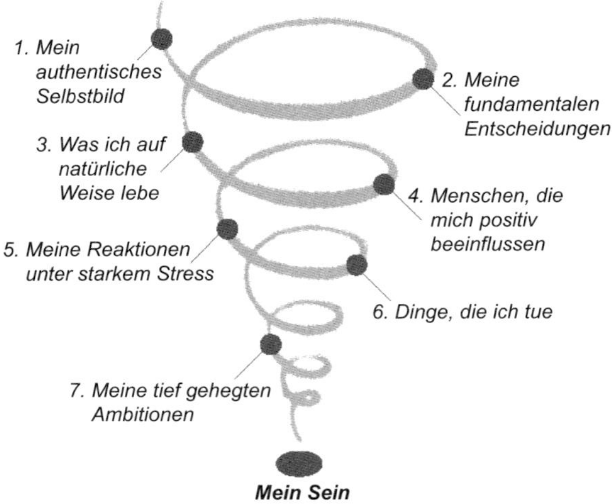

Wenn möglich, sollten Sie sich für dieses ReflectSheet einen ganzen Tag Zeit nehmen. Zwischen den einzelnen Fragen ruhen Sie sich 15 Minuten aus. Falls Sie sich keinen ganzen Tag Zeit nehmen können, lesen Sie unbedingt, was Sie zu den bisher beantworteten Fragen geschrieben haben, bevor Sie neu ansetzen mit der Übung. Ziel ist es, an die Gedanken und Gefühle anzuknüpfen, die Sie vor der Unterbrechung hatten. Auf keinen Fall sollten Sie die letzten beiden Fragen auseinander reißen, da diese Ihren tief vergrabenen Lebens- und Berufsinteressen nachspüren und Ihnen wichtige Einsichten offenbaren werden.

1) Zugang zu meinem Sein über mein authentisches Selbstbild

Übung: Über ein authentisches, „von Herzen gefühltes“ Selbstbild bekommen Sie Zugang zu Ihrem Sein.

Blättern Sie zu Ihren Antworten in ReflectSheet 5 zurück. Lesen Sie die Beschreibungen Ihrer Eigenschaften erneut. Konzentrieren Sie sich dabei auf Ihre positiven Qualitäten, während Sie Ihre negativen Eigenschaften ignorieren. In die Leerzeilen unten nur solche positiven Eigenschaften übertragen, die Ihrem tatsächlichen Gefühl nach ein Teil von Ihnen sind. Zum Beispiel: „Ich fühle mich ganz ich selbst, wenn ich verantwortungsbewusst und kontaktfreudig bin.“

Dauer: So lange es dauert, alle Ihre positiven Eigenschaften aufzuschreiben.

Verwenden Sie eine Bewertungsskala von 0 bis 10, je nachdem wie stark Sie glauben, dass diese positive Eigenschaft ein Teil von Ihnen ist (0 = schwach, 10 = stark). Schreiben Sie die Bewertung hinter Ihre Antworten.

Positive Qualitäten, die wirklich ein Teil von mir sind

1. ______________________________

2. ______________________________

3. ______________________________

2) Zugang zu meinem Sein über fundamentale Entscheidungen

Übung: Jedes Mal, wenn Sie eine wichtige Entscheidung treffen, verschafft sich Ihr Sein Gehör. Als wichtig gelten solche Entscheidungen, die Ihr Leben langfristig beeinflussen. Beispiele sind die Entscheidung zu heiraten, sich scheiden zu lassen, zu studieren, einen bestimmten Beruf zu ergreifen, ein Kind zu bekommen, in eine andere Stadt oder ein anderes Land zu ziehen etc. Hinter diesen fundamentalen Entscheidungen stecken Ambitionen, die Ihr Sein verwirklicht sehen möchte.

Dauer: 60 Minuten

Erstellen Sie eine Liste mit Entscheidungen, die den Kurs Ihres Lebens langfristig verändert haben. Zu jeder Entscheidung fragen Sie sich, was sich damals aus Ihrem tiefen Innern zu Wort melden und durchsetzen wollte.

Entscheidungen, die meinen Lebenskurs verändert haben

____

____

____

Was meldete sich damals aus meinem tiefen Innern zu Wort und setzte sich durch?

____

____

____

3) Zugang zu meinem Sein über das, was ich auf natürliche Weise lebe

Übung: Ihr Sein blüht auf und verschafft sich Gehör, jedes Mal wenn Sie sich natürlich und unangestrengt verhalten und nicht versuchen, irgendeine Rolle zu spielen. Die Leute loben „Du bist so ...!“ und Sie antworten: „Ja, weil das ganz normal für mich ist. So bin ich nun mal!“ Beschreiben Sie diese positiven Züge mit Adjektiven wie „witzig“, „unterhaltsam“, „hilfsbereit“, „einfallsreich“, „praktisch“, „liebevoll“ etc. Wenn nötig zu ReflectSheet 6 „Was andere über mich sagen“ zurückblättern. Nur jene positiven Eigenschaften berücksichtigen, die wirklich ein Teil von Ihnen sind.

Dauer: 30 Minuten

Erstellen Sie eine Liste Ihrer positiven Eigenschaften, Qualitäten und Gesten, die Sie tagtäglich auf natürliche und unangestrengte Weise an den Tag legen. Finden Sie diese Dinge in Ihrem Innern?

Verwenden Sie eine Bewertungsskala von 0 bis 10, je nachdem wie stark Sie glauben, dass diese positive Eigenschaft ein Teil von Ihnen ist (0 = schwach, 10 = stark). Schreiben Sie die Bewertung hinter Ihre Antworten.

Was ich tagtäglich natürlich und unangestrengt lebe:

____

____

____

Finde ich diese Eigenschaft in meinem Innern? Ja oder nein? Falls nein, schreiben Sie auf, warum nicht.

4) Zugang zu meinem Sein über Menschen und Gruppen, die mich beeinflusst haben oder immer noch beeinflussen

Übung: Ihr Sein fühlt sich magnetisch angezogen von anderen Menschen, deren Sein ihm ähnlich ist bzw. es komplementär ergänzt. Menschen, die Ihnen durch ihr beispielhaftes Leben, ihre Arbeit, ihre Taten und ihre Worte geholfen haben, damit Sie sich selbst positiver sehen oder bestimmte Aspekte Ihres Seins stärker zum Ausdruck bringen. Auch Gruppen können bestimmte Aspekte in Ihnen geweckt bzw. gestärkt haben, denen Sie sich vorher nicht oder nur wenig bewusst waren. Manchmal kennen wir diese Menschen persönlich, manchmal nur aus Büchern oder sonstigen Quellen. Sie können jung oder alt, reich oder arm, Freunde oder Fremde sein. Beginnen Sie Ihre Liste mit der Person oder Gruppe, die die größte Wichtigkeit für Sie besitzt.

Dauer: 60 Minuten

Erstellen Sie eine Liste der Menschen und Gruppen, die Sie beeinflusst haben oder immer noch beeinflussen.

Daneben schreiben Sie die Eigenschaften oder Aspekte, die in Ihnen geweckt bzw. gestärkt wurden.

Name: Aspekte, die in mir geweckt wurden

1. ______________________________

2. ______________________________

3. ______________________________

Name: Aspekte, die gestärkt wurden

1. ______________________________

2. ______________________________

3. ______________________________

5) Zugang zu meinem Sein über meine Reaktionen unter starkem Stress

Übung: Es gibt einige Aspekte des Seins – zum Beispiel Selbstvertrauen, Lebenswille, Verantwortungsgefühl, die Gewissheit, dass unser Leben Bedeutung hat –, auf die wir uns auch in Krisenzeiten und unter starkem Stress verlassen können. Flucht, Vermeidung, das Zählen auf die Stärke anderer oder auf die eigene innere Stärke, um ruhig zu bleiben – all das sind mögliche Reaktionen auf Stress. In der folgenden Übung konzentrieren Sie sich auf diese letzte Reaktion.

Dauer: 60 Minuten

Erstellen Sie eine Liste der größten Stressmomente, denen Sie bisher ausgesetzt waren, und fragen Sie sich: „Auf was in meinem Innern habe ich mich verlassen, um ruhig zu bleiben und mein Leben normal fortzusetzen?"

Verwenden Sie eine Bewertungsskala von 0 bis 10, je nachdem wie stark diese inneren Aspekte Stützen waren (0 = schwach, 10 = sehr stark). Schreiben Sie die Bewertung hinter Ihre Antworten.

Meine größten Stressmomente / Herausforderungen

1. ______________________________

2. ______________________________

3. ______________________________

Aspekte meiner inneren Stärke

1. ______________________________

2. ______________________________

3. ______________________________

6) Zugang zu meinem Sein über das, was ich tue

Übung: Ihr Sein blüht auf, wenn Sie bestimmte Dinge tun. Manchmal arbeiten Sie an etwas oder tun etwas, worin Sie derart aufgehen, dass Sie die Welt um sich herum völlig vergessen. Psychologen sprechen von „flow" oder „optimalem Erlebnis" (Csikszentmihalyi, 1990). Viele Künstler etwa genießen den schöpferischen Prozess so sehr, dass es ihnen egal ist, wie die Kritiker ihre Werke beurteilen. Wann haben Sie einen ähnlichen Grad der Befriedigung erlebt? Es spielt keine Rolle, was andere sagen oder wie sie Ihre Arbeit beurteilen. Was zählt ist, was Sie fühlen, während Sie diese Dinge tun. Genauso unwichtig ist es, ob diese Aktivitäten ein Teil Ihrer Arbeit oder „bloß ein Hobby“ sind. Jemand kann Gehirnchirurg sein und tagtäglich Leben retten, aber wirklich spannend findet er es, in seinem Garten eine Modelleisenbahn aufzustellen. In dieser Übung fahnden Sie nach positiven Aspekten, die in Ihnen geweckt werden, während Sie bestimmten Aktivitäten nachgehen – ob als Arbeit oder zum Vergnügen.

Dauer: 120 Minuten

Welche tief wurzelnden positiven Aspekte haben Sie im Rahmen dieser Aktivitäten entdeckt, bzw. haben Sie durch letztere an Stärke gewonnen?

Meine besonderen Aktivitäten (Arbeit, Hobbys, Sport etc.)

1. ______________________________

2. ______________________________

3. ______________________________

Positive Aspekte, die geweckt wurden

1. ______________________________

2. ______________________________

3. ______________________________

7) Zugang zu meinem Sein über meine tief gehegten Ambitionen

Übung: Ihr Sein hat tief gehegte Ambitionen, die es ausleben möchte. Manchmal träumen Sie davon, Dinge zu tun, die Sie wirklich erfüllen. Meist verwerfen Sie diese Träume jedoch schnell wieder, weil sie Ihnen albern, vollkommen unrealistisch und wie pure Zeitverschwendung erscheinen. Doch wenn diese Träume tatsächlich Ihrem tiefsten Innern entstammen, ist die Wahrscheinlichkeit hoch, dass Ihr Sein sich danach sehnt, diese neuen oder ungewohnten Aspekte Ihrer Persönlichkeit auszuleben.

Dauer: 60 Minuten

Könnten Sie Ihr Leben ohne irgendwelche Zwänge in Übereinstimmung mit dem, was tief in Ihrem Innern schlummert, leben? Was würden Sie tun, das ihm Bedeutung verleiht und Ihnen ultimative Befriedigung schenkt? Lassen Sie den „verrückten Traum“ sich entwickeln, bevor Sie nach seinem Hintergrund fragen. Welche Aspekte Ihres Seins könnten hier an die Oberfläche drängen? Bewerten Sie die Stärke jedes Aspekts von 0 bis 10 (0 = schwach, 10 = sehr stark). Schreiben Sie die Bewertung hinter Ihre Antworten.

Was würde ich tun?

1. ______________________________

2. ______________________________

3. ______________________________

Welche Aspekte meines Seins könnten an die Oberfläche drängen?

1.______________________________

2. ______________________________

3. ______________________________

8) Bilanz der positiven Aspekte

Übung: Sehen Sie sich die Antworten auf die Fragen 1 bis 7 erneut an. Greifen Sie nur die positiven Aspekte heraus, und listen Sie sie auf. Formulieren Sie bitte komplette Sätze, und fassen Sie die Schlüsselpunkte zusammen. Beginnen Sie Ihre Sätze mit „Ich bin ...“, „Ich glaube ...“, „Ich tue ...“, „Ich kämpfe für ...“, „Ich höre auf ...“.

Dauer: 60 Minuten

Bewerten Sie die Intensität jedes Aspekts von 0 bis 10 (0 = schwach, 10 = sehr stark). Schreiben Sie die Bewertung hinter Ihre Antworten.

Meine positiven Aspekte

1.______________________________

2. ______________________________

3. ______________________________

Folge-Übung 1:

Gehen Sie die Bilanzliste Ihrer positiven Aspekte erneut durch. Die Anzahl positiver Aspekte, die Sie für sich gefunden haben, addieren, und die Summe unten einsetzen.

Ich habe ___ positive Aspekte an mir entdeckt.

In die folgenden Leerzeilen schreiben Sie den Satz: „Diese positiven Aspekte stehen für mein wahres Sein oder mein wahres Wesen.“ Bitte unterschreiben und datieren Sie diese Affirmation.

____

____

____

Unterschrift ______________________________

Datum ________________________________

Folge-Übung 2:
Welche Gefühle haben Sie nun sich selbst gegenüber?

Ich fühle:

____

____

____

Folge-Übung 3:
Ziehen Sie sich nun mit der Bilanzliste Ihrer positiven Aspekte allein an einen stillen Ort (am besten in der freien Natur) zurück, um sich die vielen positiven Aspekte, die Sie an sich entdeckt haben, in Ruhe zu Gemüte zu führen. „Baden“ Sie in Ihrem Sein. Gestatten Sie sich, dass Sie in Ihre positiven Aspekte eintauchen und ganz und gar von ihnen durchdrungen werden.

Tauschen Sie sich aus!

Der Augenblick zum Teilen Ihrer wichtigsten Einsichten im Online-Erfahrungsaustausch mit anderen Programmanwendern ist gekommen.

Um größtmöglichen Nutzen aus diesem Programm zu ziehen, sollten Sie erst dann zur nächsten Frage übergehen, wenn Sie diesen Schritt erschöpfend behandelt haben.

Analysieren Sie sich selbst, und schreiben Sie Ihre Gedanken auf. Was hat mich am meisten „belebt"? Welche neuen Einsichten habe ich gewonnen?

1. ______________________________

2. ______________________________

3. ______________________________

Welche zusätzlichen Einsichten habe ich im Online-Austausch mit anderen gewonnen?

____

____

____

Erläuterungen und Kommentare

Meister Eckhart (1260-1327), ein bekannter christlicher Mystiker, definiert „Sein" als „ ... Leben, Aktivität, Geburt, Erneuerung, Herausströmen, Fließen und Produktivität. In diesem Sinne ist Sein das Gegenteil von Haben, von Selbstzentriertheit und Egoismus. Sein heißt ‚aktiv sein' in der klassischen Bedeutung, nämlich als produktiver Ausdruck menschlichen Potenzials, nicht in der modernen Bedeutung von ‚beschäftigt sein'. Der aktive, lebendige Mensch ist wie ein Gefäß, das an Fassungsvermögen gewinnt, je mehr man in es hineingießt, ohne je ganz voll zu werden ...".

Die Bedeutung von „Sein" wurde mir erst in der Gegenüberstellung mit „Haben" so richtig klar.

In Haben oder Sein schreibt Erich Fromm, dass die Menschen in der westlichen Hemisphäre ihr Leben lang versuchen:

- Genug zu haben (Geld, Dinge, Möglichkeiten), damit sie
- tun können, was sie wollen (Arbeit, Freizeit), weil sie dann
- glücklich sein können.

Unglücklicherweise bleiben die meisten beim ersten Schritt hängen. Sie haben nie das Gefühl, genug zu „haben", um zum nächsten Schritt kommen zu können. Ich selbst fuhr einst einen alten, ziemlich klapprigen VW Golf, bis ich mir einredete, um richtig glücklich zu sein, müsste ich mir einen schwarzen, achtmal teureren Jeep Wrangler mit einem 200-Watt-Soundsystem zulegen, um auf der Fahrt zur Arbeit in voller Lautstärke Musik hören zu können. Nachdem ich mein neues Auto vier Wochen gefahren hatte, wurde mir klar, dass ich mich nicht im Geringsten besser oder glücklicher fühlte, sondern nur ärmer und wie ein Idiot!

Um ein wirklich befriedigendes Leben zu führen, schlägt Fromm vor, die Reihenfolge der Begriffe umzukehren. Erst müssen Sie:

- Sein, wer Sie wirklich sind, Ihre Stärken, Schwächen und Absichten genau kennen. Diese Selbstkenntnis bringt Sie dazu,
- das zu tun, was Sie lieben. In dieses Tun legen Sie Ihre einzigartigen Fähigkeiten und Begabungen hinein. Weil Sie damit ein Stück von sich selbst schenken, werden Sie belohnt, indem Sie
- haben, was Sie brauchen. Dass Sie alles haben werden, was Sie wollen, ist nicht garantiert, aber bedenken Sie: Eine Alternative, um reich zu werden, besteht darin, weniger zu wollen oder zu brauchen.

Auf den Punkt gebracht, muss man sich, um glücklich zu sein, über die Person definieren, die man ist, nicht über das, was man hat.

Sherry Rossiter

Mein Ich

Das Ich nimmt großen Einfluss auf unser persönliches Wachstum, weil es die Funktionen Intellekt, Freiheit und Wille beherbergt.

Das Verhältnis zwischen dem Ich und den anderen essenziellen Zentren Körper, Sensibilität oder Sein unterliegt einer ständigen Fluktuation.

Das Ich drängt sich oft in den Vordergrund, will seine Ansichten, Ideale, Prinzipien und Ambitionen durchsetzen.

Das Ich kann das Wachstum unseres Seins fördern oder gegen es arbeiten.

Es kann unser Sein nähren oder unterjochen.

Wenn das Sein für die Person steht, die Sie wirklich sind, steht das Ich für die Person, die Sie zu sein glauben.

Das Ich kann Sie aus einer Vielzahl falscher Gründe in eine bestimmte Karriererichtung manövrieren und Ihr Sein so an seiner Entfaltung hindern.

In diesem ReflectSheet gehen Sie der Beziehung zwischen Ihrem Ich und Ihrem Sein auf den Grund.

Übung: Finden Sie mehr über die Beziehung zwischen Ihrem Ich und Ihrem Sein heraus. Drücken Sie sie in wenigen Worten aus. Formulieren Sie dieses Mal Ihre Antworten knapp und konzentriert.
Dauer: 30-60 Minuten

Gehen Sie den Einstellungen Ihres Ichs und Ihres Seins auf den Grund, um besser einschätzen zu können, was beide am wichtigsten finden.

Stellen Sie sie in Beziehung zueinander, und sehen Sie sich die Konsequenzen für Ihr persönliches Wachstum an.

Versuchen Sie zu verstehen, wann und wo Ihr Ich diese Einstellungen gewonnen hat. Leben Sie eine eigene Tabelle nach folgendem Muster an:

Was mein Ich am wichtigsten findet	**Was mein Sein am wichtigsten findet**	**Konsequenzen, die der Konflikt zwischen diesen beiden Einstellungen auf mein persönliches Wachstum hat**	**Wann und wo habe ich diese Einstellung gewonnen**
Beispiel: „Mein Ich findet Geld und Besitz wichtig."	Beispiel: „Mein Sein kämpft gegen Materialismus und Kommerzdenken."	Beispiel: „Ich kann mich nicht auf mein Wachstum konzentrieren, weil ich in der Jagd nach Geld gefangen bin!"	Beispiel: „Meine Professoren und Kommilitonen an der Uni haben mir eingeredet, das Wichtigste sei es, meinen persönlichen Marktwert zu heben."

ReflectSheet 1 2 3 4 5 6 7 8 9 10 11 12 13 14 15

Tauschen Sie sich aus!

Der Augenblick zum Teilen Ihrer wichtigsten Einsichten im Online-Erfahrungsaustausch mit anderen Programmanwendern ist gekommen.

Um größtmöglichen Nutzen aus diesem Programm zu ziehen, sollten Sie erst dann zur nächsten Frage übergehen, wenn Sie diesen Schritt erschöpfend behandelt haben.

Welche drei Schlüsseleinsichten habe ich aus dieser Übung gewonnen?

1. ______________________________
2. ______________________________
3. ______________________________

Welche zusätzlichen Einsichten habe ich im Online-Austausch mit anderen gewonnen?

____

____

____

Erläuterungen und Kommentare

Das Ich ist die Schaltzentrale einer Person. Oft wird es auch als Ego, mentaler oder zerebraler Bereich, Geist oder Bewusstseinszentrum bezeichnet.

Es ist der Ort, an dem drei verschiedene Phänomene unabhängig voneinander aktiv sind:

- Der Intellekt mit seiner Fähigkeit zu Bewusstsein, Analyse, Verstehen, Reflexion, Argumentation, Imagination, rationalem Denken und Logik.
- Die Freiheit oder Macht, Entscheidungen zu fällen.
- Der Wille oder die Fähigkeit, Energien und Kräfte des Körpers zu mobilisieren, so dass Veränderungen in der physischen Welt bewirkt werden.

Das Ich ist auch der Ort, an dem unser Selbstbild geformt wird aus unseren eigenen Erfahrungen und dem positiven oder negativen Feedback, das wir von anderen erhalten. Hier finden unsere Selbstgespräche statt. Es ist der Ursprung sozialer Klischees und Vorurteile, aber auch jener Aktionen, mit deren Hilfe wir unsere Realität verändern.

Was häufig passiert, ist, dass das Ich sich an die vorderste Stelle drängelt und den anderen essenziellen Zentren wie Sein, Körper und Sensibilität seine Ansichten, Prinzipien und Ambitionen aufoktroyieren will. Als Konsequenz daraus leidet die Person in ihrer Gesamtheit.

Ich selbst zum Beispiel schuftete drei Monate lang täglich 17 Stunden. Wofür? Für eine erfolgreiche Produkteinführung, gute Noten von meinem Vorgesetzten und letztlich, um mein Ego zu befriedigen. Die Konsequenz war, dass mein Körper rebellierte, ich eine Gürtelrose bekam und zwei Wochen lang nicht ins Büro konnte!

Als ich später die Selbstanalyse als Teil dieses Programms durchführte, begriff ich, dass mein Ich Schuld daran war, dass ich Geld, Erfolg, materielle Güter und Luxus mehr als alles andere schätzte und deshalb einen beruflichen Weg gewählt hatte, der mich in den Genuss all dieser Dinge bringen würde. Gleichzeitig wehrte sich mein Sein gegen Kommerzdenken, Entfremdung, Verschwendung und Konsumzwang. Als Folge davon konnte ich mich mit dem, was ich tat, nie von ganzem Herzen identifizieren. Ich fühlte mich in einer Falle, weil meine Jagd nach Geld mich davon abhielt, die Dinge zu tun, die ich wirklich tun wollte und gern tat, zum Beispiel mich als Aktivist für gute Zwecke sowie für das Konzept des Lernens und der ständigen Weiterentwicklung einzusetzen.

Wie bereits erwähnt, können das Ich und das Sein bestimmten Regionen des Körpers zugeordnet werden. Das Ich sitzt im Kopf, das Sein in der Brust, knapp über dem Solarplexus. Hierher rühren auch Phänomene wie „Intuition“ oder „inneres Wissen“. Wann immer Ihnen Ihr „Bauch“ etwas sagt, hören Sie gut zu, denn Ihr Sein möchte Ihnen etwas Wichtiges mitteilen – etwas, dem Sie genauso viel Bedeutung beimessen sollten wie den logischen Erwägungen, die Ihr Kopf oder Ihr Ich beisteuert.

Meine Sensibilität

„Sensibilität" beschreibt unsere Fähigkeit, mitzufühlen, betroffen zu sein, emotional zu empfinden und auf physische und psychologische Reize zu reagieren.
Ein anderer Ausdruck wäre „Tiefes Gefühl".
Stellen Sie sich eine Leitflüssigkeit in Ihrem Körper vor, in der Ihr Sein und Ihr Ich treiben.
Die Sensibilität vergrößert und zerlegt Nachrichten, die durch die fünf Sinne und das zentrale Nervensystem aufgenommen und in den Körper transportiert werden.
Diese Leitflüssigkeit agiert als Bindeglied zwischen den vier anderen essenziellen Zentren: dem Körper, dem Ich, dem Sein, und dem Tiefen Bewusstsein. Sie ist wesentlich für unsere Selbstkenntnis.
Leider ist die Sensibilität kein perfekter Bote, weil Ängste und Altlasten aus der Vergangenheit den Nachrichtentransfer oft stören.
Ihre Sensibilität wird geprägt von den Freuden und Leiden Ihres Lebens.
Sie funktioniert ähnlich wie ein Kassettenrekorder, der aufwühlende Ereignisse und Erfahrungen aufzeichnet und speichert.
Ihre Sensibilität kann Ihr Sein an Wachstum und Entfaltung hindern oder aber es in seinem Bemühen unterstützen und befähigen.
Ihre Sensibilität erzeugt Reaktionen und Präferenzen, die die Suche nach Ihrer Berufung positiv oder negativ beeinflussen können.

Übung 1: Prüfen Sie, wie intensiv Ihre Gefühle bestimmten Dingen gegenüber sind. Gehen Sie die Liste durch, und bewerten Sie, wie sehr diese Dinge Sie gefühlsmäßig bewegen.

Dauer: 10 Minuten

Erforschen Sie die Intensität Ihrer Gefühle gegenüber verschiedenen Dingen.

Verwenden Sie eine Bewertungsskala von 0 bis 10, je nachdem wie stark diese Dinge Sie bewegen (0 = schwach, 10 = stark).

Nicht genannte Dinge, für die Sie tiefe Gefühle hegen, schreiben Sie in die Leerzeilen am unteren Ende der Liste.

Wofür hege ich tiefe Gefühle?	**Wie tief? (0-10)**
Für die Natur	
Für Menschen und Beziehungen	
Für meine Familie	
Für Geld	
Für Besitz und materielle Güter	
Für Wissen und Ideen	
Für meine Arbeit	
Für das Objekt meines Engagements	

Für Innenwelten – meine eigenen und die anderer Leute	
Für Gott und Religion	
Für meinen Körper	
Für Wellness	
Für gutes Essen	
...	
...	
...	

Übung 2: Es kann sein, dass Ihre Gefühle Sie in manchen Situationen übermannen und übertriebene Reaktionen auslösen. Diese Übung spürt Ihren „neuralgischen“ oder „wunden“ Punkten nach. Sie lernen einzuschätzen, wie sehr Ihre Gefühle Ihre Handlungen und Ihr Leben kontrollieren.
Dauer: 60 Minuten

Beschreiben Sie; welche übertriebenen Reaktionen Sie an den Tag legen. Dazu gehören Reaktionen der Wut, Aggression, Gewalt, Traurigkeit, Niedergeschlagenheit, Kälte, Apathie, des Zorns, Rückzugs oder der Gleichgültigkeit.

Drücken Sie in Ihren eigenen Worten aus, in welchen Situationen, und wem gegenüber Sie zu extremen oder übertriebenen Reaktionen neigen.

Welche übertriebenen Reaktionen lege ich an den Tag?

1. ______________________________
2. ______________________________
3. ______________________________

In welchen Situationen? Wem gegenüber?

1. ______________________________
2. ______________________________
3. ______________________________

Wie erkläre ich mir das?

____

____

____

Tauschen Sie sich aus!

Der Augenblick zum Teilen Ihrer wichtigsten Einsichten im Online-Erfahrungsaustausch mit anderen Programmanwendern ist gekommen.

Um größtmöglichen Nutzen aus diesem Programm zu ziehen, sollten Sie erst dann zur nächsten Frage übergehen, wenn Sie diesen Schritt erschöpfend behandelt haben.

1 2 3 4 5 6 7 8 9 10 11 12 13 14 15 ReflectSheet

Welche drei Schlüsseleinsichten habe ich aus dieser Übung gewonnen?

1. ______________________________

2. ______________________________

3. ______________________________

Welche zusätzlichen Einsichten habe ich im Online-Austausch mit anderen gewonnen?

____

____

____

Erläuterungen und Kommentare

Sinn dieser Übung war es, Ihnen vor Augen zu führen, wie Sie normalerweise mit Ihren Gefühlen umgehen.

Im Wesentlichen gibt es drei Möglichkeiten:

1. Ihre Gefühle und die anderen essenziellen Zentren Ihrer Person bestehen in friedlicher Koexistenz nebeneinander. Ihre Sensibilität ist normal ausgeprägt, Ihre Reaktionen stehen in angemessenem Verhältnis zu Art und Stärke des Reizes. Ihr Ich rückt die Dinge in die richtige Perspektive und verleiht Ihnen die Fähigkeit zur Selbstbeherrschung.
2. Sie geben Ihren Gefühlen zu viel Kontrolle über Ihre Person. In diesem Fall werden Sie von Begierden, Impulsen, Ängsten etc. beherrscht. Ihr Ich ist unterdrückt und zu keinen logischen oder rationellen Entscheidungen in der Lage. Die Wahrscheinlichkeit ist

hoch, dass Ihre beruflichen Entscheidungen auf Impulsivität und Ungeduld fußen. Wenn Sie zum Beispiel im Fernsehen Bilder von einem schrecklichen Erdbeben in einem anderen Teil der Welt sehen und wie sehr die Menschen dort leiden, lassen Sie sich von Ihren Gefühlen womöglich hinreißen, mit dem nächsten Flugzeug in die Krisenregion zu fliegen, obwohl Sie, zumal ohne passende Vorbereitung oder Ausrüstung, die ausgebildeten Helfer dort nur in ihrer Arbeit behindern würden. Zur Vorbeugung gegen solche impulsiven Reaktionen müssen Sie auch auf Ihr Ich, Ihr Sein, Ihren Körper und Ihr Tiefes Bewusstsein hören, statt allein auf Ihre Sensibilität. Allen fünf essenziellen Zentren gebührt im Prozess der Entscheidungsfindung dasselbe Gewicht.

3. Sie räumen Ihren Gefühlen zu wenig Platz ein. In diesem Fall lassen Sie die Beziehungen, die Sie zu sich selbst und den Menschen in Ihrer Umgebung haben, verkümmern, mit der Folge, dass Sie hart und unnachgiebig werden. Hintergrund kann eine Erziehung sein, in der die Unterdrückung von Gefühlen als Signal der Stärke gewertet wurde. Andere Leute haben sich beigebracht, nicht auf ihre Gefühle zu hören, weil zu viel Emotionalität als Schwäche gilt. Ich traf einmal einen Mann, dessen Vater seiner Familie gegenüber nie das leiseste Gefühl oder Zeichen der Zuneigung gezeigt hatte. Zwar hatte er seine Kinder nicht geschlagen, ihnen andererseits aber auch nie gesagt, dass er sie liebte, oder sie auch nur umarmt. Wie nicht anders zu erwarten, hatte dieser Mann keine Ahnung, was „Liebe“ bedeutet und konnte sich als Sohn eines Vaters, der alle Gefühle in sich hineingefressen hatte, auch nicht selbst lieben. Der Gedanke, seine Arbeit zu lieben oder gar „Erfüllung“ zu finden, war ihm ab-

solut fremd. Andere Menschen bauen einen Panzer um ihr Herz oder hüllen sich in Gleichgültigkeit, um sich vor seelischem oder körperlichem Missbrauch zu schützen. Dr. Arthur Janov, Autor von „Der Urschrei“ (1991), fand heraus, dass der menschliche Organismus in der Konfrontation mit unerträglichen physischen oder psychischen Schmerzen Endorphine ausschüttet, die diese zu betäuben bzw. zu lindern vermögen. Wer zu keinerlei Emotionen fähig ist, bedarf der professionellen Hilfe durch einen Psychotherapeuten.

ReflectSheet

1 2 3 4 5 6 7 8 9 10 11 12 13 14 15

Mein Körper

Der Körper ist eine biologische Realität, die uns handeln und Veränderungen in der realen Welt in Gang setzen lässt.
Er ist die physische Heimat der anderen vier essenziellen Zentren.
Für den Körper gelten bestimmte Funktions-, Entwicklungs- und Alterungsgesetze.
In ihm steckt das Potenzial für Widerstandskraft, Langlebigkeit, sprühende Energie und Schönheit, aber auch für fehlende Energie, Müdigkeit und Krankheit.
Über eine Vielzahl von Mitteln wie Körpersprache (Gesten, Blicke, Haltungen, Sexualität), Stimme, ja sogar über die Kleidung kann unser Körper Stimmungen, Gefühle und Gedanken zum Ausdruck bringen.
Dieses ReflectSheet ergründet, ob und wie Sie Ihren Körper erfahren.

Übung: Forschen Sie nach, ob und wie Sie Ihren Körper erfahren. Welche Beziehung haben Sie zu Ihrem Körper? Kümmern Sie sich nur dann um ihn, wenn er krank ist? Wie gut pflegen Sie ihn, um Schmerzen und Krankheiten vorzubeugen? Wie kontrolliert gehen Sie mit seiner Kraft und Energie um? Fragen Sie ihn, ob er einwilligt oder ablehnt, bevor Sie etwas Neues anfangen?

Dauer: 30-60 Minuten

Analysieren und beschreiben Sie mit Ihren eigenen Worten, wie Sie Ihren Körper erfahren.

Tauschen Sie sich aus!

Der Augenblick zum Teilen Ihrer wichtigsten Einsichten im Online-Erfahrungsaustausch mit anderen Programmanwendern ist gekommen.

Um größtmöglichen Nutzen aus diesem Programm zu ziehen, sollten Sie erst dann zur nächsten Frage übergehen, wenn Sie diesen Schritt erschöpfend behandelt haben.

Welche drei Schlüsseleinsichten habe ich aus dieser Übung gewonnen?

1. ______________________________

2. ______________________________

3. ______________________________

Welche zusätzlichen Einsichten habe ich im Online-Austausch mit anderen gewonnen?

____

____

____

Erläuterungen und Kommentare

Der Körper und die anderen essenziellen Zentren beeinflussen einander. Wenn wir krank sind, fühlt sich das Ich nicht länger unbesiegbar, und wenn wir verliebt sind und uns gegenseitig am ganzen Körper streicheln, blüht unser Sein auf. Umgekehrt beeinflusst auch die Psyche den Körper. Wenn wir traurig sind, verlieren wir oft den Appetit, während chronische Unzufriedenheit oder Depression zu Magenweh, Kopfschmerzen, Magengeschwüren, ja sogar zu Krebs führen kann.

Zarathustra erkannte schon im 6. Jahrhundert v. Chr. die Verbindung zwischen Geist („Ich"), Körper und „Herz" (womit er nicht das Organ meinte, sondern das Sein). Von ihm stammt der Satz: „Glück ist die Harmonie von Körper, Geist und Herz. Glück ist die harmonische Beziehung des Menschen zu seinen Umgebungen."

Wie Sie Ihren Körper behandeln und sich um ihn kümmern, hängt in hohem Maß von der Beziehung ab, die Sie zu ihm haben. Sehen Sie Ihren Körper als Freund an, sorgen Sie für seine Gesundheit, kümmern sich um ihn, respektieren seine Grenzen und behandeln ihn zuvorkommend. Hassen Sie Ihren Körper und sehen ihn als Feind an, verachten Sie ihn, behandeln ihn schlecht, möchten ihn unterwerfen und zerstören. Wenn Sie Ihren Körper verehren („Mein Körper ist mein Tempel"), könnte es sein, dass Sie ihm übertriebene Sorgfalt angedeihen lassen, seine Bedeutung überschätzen und zu viel Zeit und Geld in ihn investieren. Realisieren Sie umgekehrt oft gar nicht, dass Ihr Körper überhaupt existiert, ist die Gefahr groß, dass Sie ihm nicht die Zuwendung schenken, die er braucht und verdient.

Während ich mit diesem Modul beschäftigt war, passierte etwas Merkwürdiges mit mir. Denn bis zu jenem Tag hatte ich kaum realisiert, dass ich überhaupt einen Körper habe.

Mein Körper war selbstverständlich für mich. Klaglos hatte er 35 Jahre lang prima funktioniert, von gelegentlichen Zahnschmerzen abgesehen. Ich benutzte ihn einfach und kümmerte mich nicht besonders gut um ihn – ich rauchte, trank, aß, was mir gerade einfiel und trieb nie Sport.

Beim Aufschreiben meiner Antworten ging mir ein Licht auf: „Ich habe nur einen Körper! Auf den bin ich angewiesen, und der muss bis an mein Lebensende ‚halten'. Was um Himmels willen habe ich bloß die ganze Zeit gedacht? Wie kann ich meinem Körper etwas zurückgeben, mich bei ihm für seine treuen Dienste bedanken?" Ich fing buchstäblich an, mich mit meinem Körper zu unterhalten, als sei er eine andere Person. Am nächsten Tag hörte ich auf zu rauchen, reduzierte meinen

Alkoholkonsum auf eine Flasche Rotwein pro Woche (das sei die gesunde Menge, behaupten jedenfalls die Ärzte), und trainierte mindestens einmal pro Woche. (Drei aerobe Trainingseinheiten pro Woche sind die offizielle Empfehlung.) Das Trainieren macht mir immer noch nicht sonderlich Spaß, aber ich tue es für meinen neu entdeckten „Kumpel" – meinen Körper. Ab und zu gönne ich mir noch immer ein Stück Schokolade (zum Beispiel jetzt, während ich dies schreibe), aber ich esse keine Wurst mehr – was mir viel leichter fällt, jetzt, wo ich in Amerika lebe. Außerdem gehe ich einmal im Jahr für einen Routine-Check zum Arzt. Alles, was man für die Gesundheit des Körpers und seine Langlebigkeit tun kann, bekam nach diesem Modul einen viel höheren Stellenwert für mich.

Und wie steht es mit Ihnen?

Das VocationLab Sechs-Schritte-Selbstentdeckungssystem

SCHRITT 5: DIE ENTWICKLUNG MEINER VISION

Berufsvisualisierung:
Wie Sie Ihren tief gehegten Ambitionen die Gestalt einer beruflichen Vision geben

In den nächsten beiden ReflectSheets geben Sie Ihren tief gehegten Ambitionen und Ihrem „verrückten Traum" aus ReflectSheet 7-9 die Gestalt einer langfristigen beruflichen Vision.
Eine berufliche Vision ist ein klares mentales Bild, was Sie werden und in drei bis zehn Jahren tun wollen.
Noch baut sie auf Ihrem „Glauben" oder „Wunschdenken" auf, doch in Ihren vielen positiven Eigenschaften, die Sie durch dieses Programm kennen gelernt haben, ist Ihre berufliche Vision bereits verankert.

Übung 1: Lesen Sie erneut Ihren „verrückten Traum“ aus „Zugang zu meinem Sein über meine tief gehegten Ambitionen“ (ReflectSheet 9, Frage 7-9). Lassen Sie sich voll und ganz auf diesen Traum ein. Beantworten Sie dann die folgenden Fragen, indem Sie einen imaginären Tag in Ihrer Zukunft beschreiben. Beschränken Sie sich nicht auf das, was Sie heute für möglich halten. Wagen Sie es, sich die Situation auszumalen, die Sie sich am meisten wünschen, auch wenn sie Ihnen (noch) unmöglich erscheint. Auf die praktische Umsetzbarkeit verschwenden Sie in dieser Übung keinen Gedanken.

Dauer: 60 Minuten

Was sehe ich, wenn ich morgens aufwache?

____

____

____

Wo bin ich? Welche Sprache höre ich?

____

____

____

Welche Kleidung ziehe ich an? Ich stelle mir vor, wie ich aussehe.

____

____

____

Wo gehe ich hin? Wie komme ich dorthin?

____

____

____

Wen sehe ich? Wie denken sie über mich? Wie denke ich über sie?

____

____

____

Wie sieht meine Umgebung aus?

____

____

____

Welche Aufgaben stehen mir heute bevor?

____

____

____

Wie sehen meine Aktivitäten aus? Sind sie physischer, emotionaler oder kreativer Natur?

____

____

____

Welche Arten von Menschen erreiche und/oder beeinflusse ich mit meiner Arbeit?

____

____

____

Wie endet mein Tag? Wie fühle ich mich am Ende des Tages?

____

____

____

Wie entspanne ich am Abend und an den Wochenenden?

Wie wachse ich spirituell und persönlich durch das, was ich tue?

Wie profitiert meine Gemeinde von dem, was ich tue?

Wie erklären die Mitglieder meiner Familie anderen, was ich tue?

Ich überlege, was ich sehe und fühle. Wie wird die Realisierung meiner Vision mein Leben verändern?

____

____

____

Übung 2: In dieser Übung setzen Sie sich mit Faktoren auseinander, die Sie eventuell an der Realisierung Ihrer beruflichen Vision hindern könnten.
Dauer: 5 Minuten

Finden Sie die Vorstellung von Ihnen in dieser perfekten beruflichen Situation realistisch? Wenn nicht, warum nicht? Kreuzen Sie alle zutreffenden Punkte an:

- ❐ Mangel an Geld
- ❐ Mangel an Mut
- ❐ Mangel an Talent
- ❐ Mangel an nützlichen Kontakten
- ❐ Mangel an Motivation oder „Leidensdruck“
- ❐ Mangel an Ausbildung
- ❐ Mangel an Gesundheit
- ❐ Mangel an Glück
- ❐ Eine so wundervolle Entwicklung verdiene ich nicht in meinem Leben.
- ❐ Andere sehen für mich nicht die Möglichkeiten, die ich sehe.
- ❐ Ich habe bereits Entscheidungen in meinem Leben getroffen, die nicht rückgängig zu machen sind.
- ❐ Was ich persönlich möchte, passt nicht zu den Werten und Visionen, die ich für mein Berufsleben habe.
- ❐ Andere Gründe ________________________

Tauschen Sie sich aus!

Der Augenblick zum Teilen Ihrer wichtigsten Einsichten im Online-Erfahrungsaustausch mit anderen Programmanwendern ist gekommen.

Um größtmöglichen Nutzen aus diesem Programm zu ziehen, sollten Sie erst dann zur nächsten Frage übergehen, wenn Sie diesen Schritt erschöpfend behandelt haben.

Welche drei Schlüsseleinsichten habe ich aus dieser Übung gewonnen?

1. ______________________________
2. ______________________________
3. ______________________________

Welche zusätzlichen Einsichten habe ich im Online-Austausch mit anderen gewonnen?

____

____

____

Erläuterungen und Kommentare

Egal, welche(s) Kästchen Sie in Übung 2 angekreuzt haben, Sie werden Ihre Vision trotzdem realisieren können.

Über Nacht gelingt Ihnen das vielleicht nicht, aber auf jeden Fall im Laufe der nächsten Jahre, denn:

- Was Ihnen jetzt noch fehlt, können Sie sich mit der Zeit beschaffen.
- Negative Ansichten, die Sie hegen, können Sie durch positive ersetzen. Das vermögen übrigens nur Sie allein – kein anderer kann Ihnen das abnehmen.

Andere Fragen, die Sie beschäftigen dürften, sind:

Ist meine Vision wirklich wünschenswert?

Manchmal haben wir idealisierte Vorstellungen von bestimmten glamourös und bedeutend klingenden Berufen, ohne zu wissen, wie es wirklich ist, in diesem Beruf zu arbeiten. Beispielsweise sind nur wenige Berufe mit so viel Verantwortung und Prestige verbunden wie der des Chirurgen. Neben den vielen Chirurgen, deren Begeisterung für ihren Job nie nachlässt, gibt es auch einige, die sich bald angeödet fühlen, anfangen zu trinken, zu spielen oder einem Leben in der Überholspur verfallen. Wie kann das sein? Ein Grund ist die hochgradige Spezialisierung mancher Chirurgen, die etwa ausschließlich Blinddärme oder Mandeln entfernen, was zwar sehr lukrativ ist, aber auch sehr schnell sehr langweilig wird. Andere erheben für sich den Anspruch, Pioniere auf chirurgischem Gebiet zu sein und brennen schnell aus, wenn sie die an sich selbst gestellten hohen Erwartungen nicht erfüllen können. Besser geht es meistens solchen Chirurgen, die in einer Klinik beschäftigt sind und dort die Chance haben, verschiedenen Operationen beizuwohnen und wissenschaftlich zu arbeiten. In der *allesanders.com* Community können Sie sich mit anderen Nutzern zu den Vor- und Nachteilen in den verschiedenen Berufen austauschen.

Ist meine Vision realistisch?

Die Antwort auf diese Frage hängt vom Grad Ihres Engagements ab, vom Einsatz, den Sie zu bringen bereit sind, um das zu werden und zu leben, wovon Sie träumen und worüber Sie in diesem Programm geschrieben haben. Wenn Sie über Nacht vom ungelernten Arbeiter zum Chirurgen werden wollen, ist das natürlich eher unrealistisch. Sie müssen erst ein abgeschlossenes Medizinstudium vorweisen können. Suchen Sie sich eine Universität, und fangen Sie an zu studieren, wenn Sie das Gefühl haben, das tun zu müssen. Daneben gibt es andere Berufe mit ähnlichen Charakteristika (wie „wissenschaftlich arbeiten“, „Menschenleben retten“, „ein gutes Einkommen beziehen“), in die man leichter hineinkommt und die Ihnen ähnlich viel Spaß machen könnten. Beispielsweise spricht nichts dagegen, auch ohne BWL-Studium binnen kurzer Zeit zum erfolgreichen Unternehmer aufzusteigen. Grundsätzlich ist es eine gute Idee, Alternativen in Ihre Berufsvisualisierung einzubinden und Ihre Entscheidung teilweise auch davon abhängig zu machen, wie einfach und schnell der berufliche Wechsel vollziehbar wäre.

Ist meine Vision möglich?

In der Geschichte der Menschheit sind immer wieder fulminante Durchbrüche passiert. Wenn ein mittelmäßiger Schauspieler (Ronald Reagan) Präsident der Vereinigten Staaten und ein 14-jähriger Schulabbrecher (Bill Gates) zum reichsten Mann der Welt werden kann, warum sollten nicht auch Sie das werden können, was immer Ihnen vorschwebt? Heutzutage ist nichts mehr unmöglich.

ReflectSheet

1 2 3 4 5 6 7 8 9 10 11 12 13 14 15

Meine persönliche Visionsaussage

Eine persönliche Visionsaussage zu formulieren und schriftlich festzuhalten ist ein schöpferischer Akt, der Ihren beruflichen Traum auf lange Sicht lebendig hält und Sie immer wieder an ihn erinnert.
Ferner ist sie ein nützliches Werkzeug, wenn Sie sich zwischen zwei gleichermaßen verlockenden Angeboten entscheiden müssen.
Dann können Sie sich fragen: „Welches der beiden ist näher dran an meiner beruflichen Vision?"

Inhaltlich sollte Ihre persönliche Visionsaussage die unten aufgelisteten Kriterien erfüllen:

Sie sollte:

- Ihre fünf essenziellen Zentren Sein, Ich, Körper, Sensibilität und Tiefes Bewusstsein reflektieren.
- Genügend ins Detail gehen, um Bedeutung zu haben.
- Sich einfacher Worte bedienen.
- Einen gewissen Spielraum in der Umsetzung gewähren.
- Eine übergeordnete Perspektive haben, die über die Alltagsebene hinausgeht.
- Ihre Fantasie herausfordern und Ihnen helfen, aus gewohnten Bahnen auszubrechen.
- Auf drei bis zehn Jahre angelegt sein.
- Eine konstante Gültigkeit besitzen, die durch berufliche Veränderungen zwischendurch nicht in Frage gestellt wird.

Um zu illustrieren, über welche Bausteine eine persönliche Visionsaussage verfügen sollte, habe ich mein eigenes „Exemplar" beigefügt, das mich in den letzten zehn Jahren begleitet und meine Entscheidungen gelenkt hat.

Bausteine einer persönlichen Visionsaussage

Bausteine einer persönlichen Visionsaussage

Mein Name	Oliver Fritsch ist	
Bezeichnung meiner Tätigkeit	Erfinder und Gestalter	
	effektiver	
Was ich herstelle oder anbiete	Denkmethoden und Instrumente,	Seminare, Bücher, Internetseiten, Artikel in der Fachpresse, Fernsehauftritte, Vorträge. **Aktion:** Praktische Fortbildungswerkzeuge für diese Kanäle entwickeln.
Warum ich das tue	die beitragen zu weniger Entfremdung,	Um speziell bei der Berufswahl in Einklang mit sich zu leben und zu arbeiten, müssen Menschen ihr Sein besser kennen lernen. **Aktion:** Einen Lehrplan aufstellen und ein guter Lehrer werden.
	besserer Integration und mehr Zufriedenheit	Toleranterer, kreativerer, motivierenderer und zivilisierterer Umgang miteinander; kulturelles Bewusstsein fördern; zuerst die wirklichen Bedürfnisse erfüllen, im zweiten Schritt nach Profitabilität streben. **Aktion:** Andere Motivationsaspekte in den Vordergrund stellen.
Wer davon profitiert	für die Beschäftigten der Arbeitswelt.	Organisationsstrukturen überarbeiten; bessere Arbeitsmethoden, -räume, -instrumente und Produkte schaffen.
	Mein Aktionselement	**Aktion:** Alternative Entwürfe und Methoden weltweit recherchieren und testen. Die besten aussieben und probehalber einführen.
	Datum	Dezember 1991

Übung 1: Lesen Sie erneut Ihren „verrückten Traum“ aus „Zugang zu meinem Sein über meine tief gehegten Ambitionen“ (ReflectSheet 9, Frage 7-9). Lassen Sie sich voll und ganz auf ihn ein.

Dauer: So lange wie Sie brauchen.

1. Beginnen Sie mit einer Sammlung von Schlüsselwörtern, die sich aus Ihren früheren Aufzeichnungen ergeben bzw. zu Ihnen passen. Noch nicht fertig ausformulieren.
2. Überlegen Sie, welche Bausteine in Ihre Visionsaussage einfließen müssen:
   - Ihr Vor- und Zuname
   - Die Bezeichnung Ihrer neuen Tätigkeit
   - Was Sie herstellen oder anbieten
   - Die Nutznießer Ihrer Tätigkeit
   - Warum Sie es tun
   - Aktionselemente, die Sie sich vornehmen
   - Datum
3. Formulieren Sie Ihre Aktionsaussage in der dritten Person.

Meine persönliche Visionsaussage

____

____

____

____

Tauschen Sie sich aus!

Beenden Sie diese Übung, indem Sie Ihre persönliche Visionsaussage mit anderen Programmanwendern teilen!

ReflectSheet 1 2 3 4 5 6 7 8 9 10 11 12 13 14 15

Mein Lebensweg

Diese erkenntnisreiche Übung hilft Ihnen, Ihre momentane Position gemessen an Ihrer erwarteten Lebensspanne zu begreifen.
Sie gibt Ihnen Gelegenheit, auf Ihr bisheriges Leben zurückzublicken und Veränderungen vorzunehmen, bevor es zu spät ist.

Übung 1: Für diese Übung sind eine Reihe von Vorbereitungen nötig. Verlegen Sie als Erstes zehn Meter Klebeband als gerade Linie auf dem Fußboden Ihrer Wohnung. (Falls Sie in einer kleinen Wohnung leben, eine U- oder Z-Form wählen.) Diese Linie mit Hilfe kurzer Klebebandstreifen in zehn gleich lange Abschnitte unterteilen und die Abschnitte in Zehnerabständen mit Zahlen markieren (von 10 bis 100).
Bitten Sie eine andere Person, Ihnen den folgenden Fragenkatalog sehr langsam vorzulesen und nach einer Frage 15 bis 20 Sekunden zu pausieren, bevor sie mit der nächsten Frage fortfährt. Wenn Sie niemanden haben, der diese Aufgabe übernehmen könnte, zeichnen Sie die Fragen auf Kassette oder Tonband auf.

Dauer: 20 Minuten

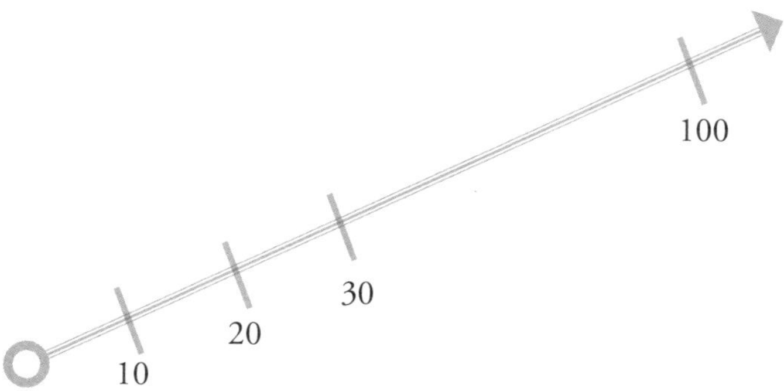

- Stellen Sie sich neben die Markierung „10“ an den Anfang der Linie.
- Hören Sie zu!

„Atmen Sie tief ein, dann langsam und ruhig ausatmen.“
„Stellen Sie sich vor, die Linie vor Ihnen repräsentiere Ihr ganzes Leben.“
„Schließen Sie Ihre Augen und halten Sie sie im gesamten Übungsverlauf geschlossen.“
„Hören Sie aufmerksam zu.“
„Denken Sie an die Zeit, als Sie zehn Jahre alt waren. ... Sehen Sie sich um.“
„Wo befinden Sie sich?“
„Was sehen Sie?“
„Was hören Sie?“
„Was riechen Sie?“
„Mit wem sind Sie zusammen? ... Was sehen Sie außerdem?“
„Was fühlen Sie, wenn Sie mit diesen Leuten zusammen sind?“
„Was tun Sie?“
„Was fühlen Sie dabei ?“
„Machen Sie jetzt einen Schritt nach vorn. Denken Sie an die Zeit, als Sie 20 Jahre alt waren. ... Sehen Sie sich um.“

- Gehen Sie die Fragen erneut durch. Beginnen Sie mit: *„Wo befinden Sie sich?“*
- Bei der letzten Frage ersetzen Sie „20 Jahre alt“ durch „30 Jahre alt“ etc.
- Den Vorgang wiederholen, bis Sie bei „100 Jahre alt“ angekommen sind.

Dann hören oder sagen Sie:

„Drehen Sie sich nun um, ... und öffnen Sie Ihre Augen. ... Es ist Zeit, Abschied zu nehmen. ... Blicken Sie auf Ihr Leben zurück. ... Auf die Dinge, die Sie getan haben. ... Auf die Menschen, mit denen Sie zusammen

waren. ... Was fühlen Sie dabei? ... Sind Sie zufrieden? ... Sind Sie bereit zu gehen ... in Frieden ... und ohne Reue?"

Tauschen Sie sich aus!

Der Augenblick zum Teilen Ihrer wichtigsten Einsichten im Online-Erfahrungsaustausch mit anderen Programmanwendern ist gekommen.

Um größtmöglichen Nutzen aus diesem Programm zu ziehen, sollten Sie erst dann zur nächsten Frage übergehen, wenn Sie diesen Schritt erschöpfend behandelt haben.

Welche drei Schlüsseleinsichten habe ich aus dieser Übung gewonnen?

1. ______________________________

2. ______________________________

3. ______________________________

Welche zusätzlichen Einsichten habe ich im Online-Austausch mit anderen gewonnen?

____

____

____

Erläuterungen und Kommentare

Diese Übung kann Sie mit sehr viel Demut und Dankbarkeit erfüllen, je nachdem wie alt Sie sind und wie reich Ihr Leben ist.

Als ich sie durchführte, war ich 32 und machte eine überraschende Feststellung: Vor mir lag ein Leben, das sehr klar, lebhaft und völlig verplant war, bis ich 45 Jahre alt wäre und unsere Kinder ihr Nest verlassen würden. Ab dem 45. Lebensjahr begann ein Vakuum, das sich bis zum Rentenalter erstreckte und eine gänzlich unbekannte Größe für mich war. Ich begann mich zu fragen, wie ich dieses Vakuum – zumindest mental – füllen könnte. Ich beobachtete ältere Mitmenschen, wie sie lebten und ihre Zeit verbrachten, und fing mit dem Sammeln von Ideen an. Interessanterweise stieß ich auf einen großen Unterschied zwischen dem, was diese Leute taten, und der Art und Weise, wie ich mir meinen Ruhestand ausgemalt hatte.

Angesichts der vielen Verantwortung, die Familie, Kinder und ein reiches, umtriebiges Privat- und Berufsleben mit sich bringen, hatte ich mir immer vorgestellt und mich danach gesehnt, mich in einem restaurierten alten Bauernhaus auf einem ruhigen Hügel in der Toskana zur Ruhe zu setzen – vorzugsweise mit direkter Rotwein-Pipeline zu einer der Winzereien in der Nachbarschaft! Doch die meisten 65-Jährigen, die mir begegnet sind, hassen nichts mehr, als sich an einem ruhigen Ort zu isolieren. Viele haben ihre idyllisch-beschaulichen Häuschen, die sie als Alterssitz gedacht hatten, längst verkauft und sind in die Herzen turbulenter Städte wie Istanbul, London oder Alicante gezogen. Sie suchen den Kontakt zu Menschen und zum „Leben“. Ich erinnere mich auch, dass meine 65-jährigen Eltern einmal um vier Uhr morgens von einer wilden Tanznacht nach Hause in unser Schlafzimmer geschlichen kamen, um meiner Frau und mir mitzuteilen, dass sie sicher wieder zu Hause angekommen waren – und über uns „Junge“ zu lästern, die bereits um zehn Uhr in der Falle gelegen hatten!

Hier die Reaktionen von zwei anderen Leuten auf diese Übung:

- Ein lediger, sehr erfolgreicher Geschäftsmann, der stets darauf bestanden hatte, niemals zu heiraten, entdeckte mit Hilfe der Übung, dass er reich werden, sich ein großes Haus und einen schnellen Porsche zulegen, aber seinen materiellen Besitz hassen würde, weil es niemanden gab, mit dem er ihn teilen könnte. Ein Jahr später heiratete er und setzte zwei Kinder in die Welt.
- Eine leitende Angestellte in einem großen Unternehmen, die leidenschaftlich gegen Tierversuche und Tierquälerei kämpfte, entdeckte, dass sie, fast ohne es zu merken, ihre Lebensmitte bereits erreicht hatte, und ihre Zeit bald knapp werden würde, wenn sie nicht so schnell wie möglich anfinge, ihrer wahren Leidenschaft zu folgen.

Das Wichtigste, was diese Übung leistet, ist, Ihnen eine zweite Chance zu gewähren, Ihr Leben umkrempeln zu können, bevor es dafür zu spät ist.

Vielleicht fragen Sie sich, warum ich 100 Jahre und nicht statistisch zutreffendere 82 Jahre als Endpunkt der durchschnittlichen Lebensspanne gewählt habe. Nun, weil ich Optimist bin! Warum sollten Sie nicht 100 oder sogar 110 Jahre alt werden? Das haben schon andere vor Ihnen geschafft. Ich wollte Ihrer Fantasie nicht die Flügel kappen ...

Das VocationLab Sechs-Schritte-Selbstentdeckungssystem

SCHRITT 6: DIE REALISIERUNG MEINER VISION

Wie Sie an Ihr Ziel kommen

Zu wissen, wohin Sie wollen, ist die wichtigste Voraussetzung, wann immer Sie zu einer Reise aufbrechen.

Inzwischen ist es Ihnen gelungen, sich für ein bestimmtes Ziel zu entscheiden – herzlichen Glückwunsch! Alles, was Sie jetzt noch tun müssen, ist auf den Zug aufspringen!

Ein zentraler Teil dieses Programms bestand darin, Ihnen bei der Lösung der Frage zu helfen, was Sie mit Ihrem Leben anfangen sollten.

Der nächste Schritt ist die Realisierung dieser Vision.

Wo finden Sie Hilfe?

- Es gibt zahlreiche gute Bücher und Seminare mit praktischen Tipps für Ihre bevorstehende berufliche Übergangsphase. Unter *www.alles-anders.com* finden Sie eine Auswahl empfehlenswerter Bücher und Seminare.
- Ferner könnten Sie einen professionellen Karriereberater engagieren, der Ihnen bei Ihren Bewerbungsunterlagen hilft, Sie für Vorstellungsgespräche fit macht, Ihnen bei Gehaltsverhandlungen zur Seite steht etc. Der Stundensatz solcher Karriereberater liegt zwischen 80 und 150 Euro pro Stunde – eine Investition, die sich fast immer lohnt. Oft haben Sie die Ausgabe schon in den ersten Monaten Ihrer Anstellung wieder hereingeholt, weil ein guter Karriereberater Ihnen beim Aushandeln besserer Konditionen unter die Arme greift.

- Besorgen Sie sich externe Unterstützung. Die Wichtigkeit persönlicher Kontakte sollte nie unterschätzt werden! Erzählen Sie Menschen, denen Sie vertrauen und deren Meinung Sie respektieren, von Ihrer beruflichen Vision. Ich persönlich habe in den letzten 10 Jahren mit mindestens 50 Leuten über das VocationLab Projekt gesprochen. Jedes Mal, wenn ich es erklären und Fragen zu ihm beantworten musste, wurde das Konzept dadurch ein kleines Stück besser. Am Ende erhielt ich nicht nur sehr viel moralische Unterstützung – einige Leute steuerten darüber hinaus sogar ihre Zeit und Energie zu seiner Umsetzung bei. Dafür danke ich ihnen.

7 Schritte, wie Sie Ihren persönlichen Veränderungsprozess in Gang setzen

Die folgenden sieben Schritte verbinden sich zu einem möglichen Weg, auf dem Sie Ihren Wunsch nach beruflicher Veränderung realisieren können.

Jeder andere Weg, der Sie an Ihr erklärtes Ziel führt, eignet sich unterdessen genauso gut.

1. Ordnen Sie Ihrer beruflichen Vision eine Bezeichnung zu.

Ihr erster Schritt besteht darin, in der realen Arbeitswelt eine Bezeichnung für Ihre berufliche Vision zu finden. Existiert kein solcher Beruf, lassen Sie sich einfach eine passende Bezeichnung einfallen. „Erfinder und Gestalter effektiver Denkmethoden“ ist eine von mir ersonnene Bezeichnung, denn einen solchen Beruf gab es zum damaligen Zeitpunkt nicht. Es besteht die Möglichkeit, dass Sie Ihre Vision im Rahmen mehrerer Jobs und Anstellungsverhältnisse realisieren oder sich ihr, unabhängig von einem Arbeitgeber, in Ihrer arbeitsfreien Zeit widmen. Fassen Sie die Schlüsselkriterien Ihrer beruflichen Vision wie „Ich möchte Kontakt zu Menschen." oder „Ich möchte mit meinen Händen arbeiten." zu einer Liste zusammen. Diese zwei Kriterien beschränken Ihre Auswahl auf eine überschaubare Anzahl an Optionen wie „Chirurg", „Haarstylist" oder „Heiler". Nachdem Sie Ihrer beruflichen Vision eine Bezeichnung zugeordnet haben, beginnt Ihr „Realitäts-Check". Sprechen Sie mit Leuten, die in dem von Ihnen anvisierten Bereich arbeiten, bzw. nutzen Sie die *alles-anders.com* Website oder andere Internetquellen, um sich ein präziseres Bild zu machen.

2. Verpflichten Sie sich Ihrer beruflichen Vision.

Vergessen Sie nicht, dass Sie grundsätzlich drei Möglichkeiten haben: lieben, lassen oder ändern. Sie allein bestimmen über das Engagement, mit dem Sie sich Ihrer beruflichen Veränderung verpflichten wollen. Der Vorteil davon ist, dass Sie die ultimative Kontrolle über Ihr berufliches Schicksal besitzen. Der Nachteil ist, dass Sie niemandem außer sich selbst Vorwürfe machen können, wenn Sie die notwendigen Maßnahmen zur Realisierung Ihrer Vision versäumen.

3. Setzen Sie sich Ziele.

Ganze Bücher wurden geschrieben, die ihren Lesern beim Setzen und Erreichen von Zielen helfen sollen. Das Wichtigste auf den Punkt gebracht: Wenn Sie sich ein Ziel stecken, hat das eine Fokussierung Ihrer Energien zur Folge. Dazu muss das Ziel spezifisch, erreichbar und messbar sein. Es schriftlich zu fixieren, erhöht die Chancen seiner Verwirklichung und unterscheidet es von Wünschen oder Hoffnungen. In einer Studie der Yale University wurden dem Examensjahrgang ´53 drei Fragen gestellt: „Setzen Sie sich Ziele?“, „Schreiben Sie sie auf?“ und „Haben Sie einen Plan für ihre Erreichung?“ Nur drei Prozent beantworteten alle Fragen mit Ja. Eine Folgestudie fand 20 Jahre später heraus, dass die „Zielsetzer“ glücklichere Ehen führten, ein harmonischeres Familienleben hatten, bei besserer Gesundheit und beruflich erfolgreicher waren als der Rest der Befragten. Außerdem entfielen 97 Prozent des Nettoeinkommens des Jahrgangs ‘53 auf die zielstrebigen drei Prozent.

Ich persönlich kann bestätigen, wie viel es bringt, Ziele schriftlich zu fixieren. Unmittelbar vor meinem Examen schrieb ich alles auf, was ich in den nächsten zehn bis 20 Jahren erreichen wollte (was aber damals noch arg illusorisch klang). Auf meiner Liste standen Dinge wie: „3000 Mark im Monat verdienen“, „ein vernünftiges Auto fahren“, „jonglieren lernen“, „einen anständigen Computer kaufen“, „in einem fremden Land leben und arbeiten“, „einen Artikel in einem angesehenen Fachblatt veröffentlichen“, „eine fünfte Sprache lernen“, „meinen geliebten Flipperautomaten nach Hause holen“ etc. Diese Liste verlegte ich und vergaß sämtliche Ziele, die sie enthielt. Drei Jahre später fand ich sie beim Saubermachen und Packen für unseren Umzug nach Italien zufällig wieder. Zu meinem Erstaunen hatte ich alle meine Ziele bis auf eine Ausnahme verwirklicht, ohne mich bewusst um ihre Erinnerung bemüht zu haben.

Das eine Ziel, das damals noch offen war, verwirklichte ich zehn Jahre später, als ich, inzwischen in Amerika lebend, einen wunderschönen Stern Orbitor Flipperautomaten erstand. Insgesamt wurden nur 999 dieser Automaten hergestellt, und der Hersteller meldete 1980 Konkurs an. Mit 18 Jahren hatte ich in meiner kleinen Heimatstadt im Schwarzwald jeden Tag nach der Schule vor diesem Flipperautomaten gestanden. Zwanzig Jahre später holte ich ihn mir über das Internet nach Hause, und heute flippern mein Sohn und ich gemeinsam.

Seither habe ich mir angewöhnt, alle meine Wünsche und Hoffnungen als Ziele zu formulieren und zu Papier zu bringen. Diese Ziele verifiziere ich alle paar Monate. Ich rate Ihnen, dasselbe zu tun. Wenn Sie irgendwo noch einen unerfüllten Traum oder Wunsch versteckt halten, kramen Sie ihn hervor, stauben Sie ihn ab und sehen Sie, ob er Ihr Herz noch immer höher schlagen lässt. Wenn ja, geben Sie ihm die Gestalt eines schriftlichen Ziels, dem Sie sich Tag für Tag ein Stückchen mehr annähern. Eines Tages werden Sie einen neuen Wunsch ausgraben müssen, weil Sie selbst – keine geheimnisvolle Macht und auch keine gute Fee – aus Ihrem letzten Traum haben Wirklichkeit werden lassen.

4. Schließen Sie Wissenslücken.

Schärfen Sie Ihr Schwert. Feilen Sie an Ihren Fähigkeiten, bilden Sie sich weiter und fangen Sie an, das, was Sie tun wollen, jeden Tag im kleinen Rahmen zu üben. Die Rückkehr an eine klassische Ausbildungsstätte, um dort einen formellen Abschluss oder ein Zertifikat zu erwerben, ist nicht immer die beste und schnellste Methode, Ihren Traum zu verwirklichen, es sei denn, ein solcher Abschluss ist für Ihren Plan unverzichtbar (wenn Sie zum Beispiel Arzt werden wollen). Das Internet-Zeitalter ist durch Informationsüberfluss und sofort verfügbares Wissen zu allen möglichen Themenbereichen geprägt. Zugleich handelt es sich um eine Ära der Partnerschaften und Netzwerke. Denken Sie darüber nach, ob Sie durch das Eingehen einer strategischen Partnerschaft nicht eher an Ihr Ziel gelangen können. Als ich mit dem VocationLab Projekt anfing, überlegte ich zunächst, ob ich vier Jahre Psychologie studieren müsste, bevor ich dieses Programm entwickeln könnte. Dann rechnete ich aus, wie viele Leben ich in diesen vier Jahren positiv beeinflussen könnte, wenn ich jemanden mit fertigem Psychologiestudium fände und mich mit diesem Profi zusammentäte. Auf diese Weise sparte ich drei Jahre und neun Monate kostbare Zeit, die ich in die praktische Umsetzung der theoretischen Konzepte steckte.

5. Werden Sie finanziell unabhängig.

Solange Sie nicht unfassbar reich sind, müssen Sie Geld verdienen, um den Lebensunterhalt für sich und Ihre Familie zu bestreiten. Wäre es nicht wundervoll, wenn Sie finanziell unabhängig wären, sich keine Gedanken mehr über monatliche Zahlungen machen müssten und sich voll und ganz auf Ihre berufliche Vision konzentrieren könnten? Geldverdienen und die Realisierung Ihrer beruflichen Vision müssen sich zum Glück nicht gegenseitig ausschließen. Erinnern Sie sich an die Botschaft Erich Fromms in „Haben oder Sein"? (ReflectSheet 9, „Mein Sein") Sie müssen nicht erst „haben", um zu „sein". Statt auf Ihren Lebensunterhalt sollten Sie Ihren Fokus auf Ihr Leben richten. Eine Art und Weise, dies zu tun, besteht in dem Versuch, weniger Geld auszugeben statt mehr zu verdienen. In seinem Buch „Your Money or Your Life" (Penguin Books, 1999) schlägt Joe Dominguez vor, nichts zu kaufen, das die Lebensenergie, die Sie verbraucht haben, um es sich leisten zu können, nicht durch ein Plus an Erfüllung, Befriedigung und Wert mehr als wettmacht. Mit anderen Worten: Brauchen Sie wirklich 20 Paar Schuhe oder wären auch fünf Paar genug? Wie oft werden Sie das 20. Paar tragen, und wie viele Stunden mussten Sie arbeiten, um das Geld für ihren Kauf zu verdienen? Wenn Sie diese Schuhe nur dreimal im Jahr je zwei Stunden tragen und zehn Arbeitsstunden (bei einem Stundenlohn von 12 Euro pro Stunde) nötig sind, um sie zu bezahlen, verbringen Sie mehr Zeit damit, das Geld für die Schuhe zu verdienen (zehn Stunden), als sie tatsächlich zu tragen (sechs Stunden). Noch wahnwitziger ist es, wenn die Strecke, die Sie jeden Morgen ins Büro zurücklegen, zehn Autominuten in Anspruch nimmt und Ihre Zahlungen für einen Neuwagen im Wert von 20.000 Euro monatlich 400 Euro verschlingen. Bei einem Stundenlohn von 12 Euro (acht Stunden am Tag, 20 Tage im Monat) würden Sie täglich fast 100 Minuten arbeiten, nur um für ein Auto zu zahlen, das Sie nicht mehr als 20 Minuten am Tag nutzen. Anders ausgedrückt bedeutet das, Sie verschwenden pro Tag 80 Minuten Ihrer kostbaren Lebenszeit für den vermeintlichen Luxus eines Neuwagens. Stellen Sie sich vor, wie viel glücklicher Sie wären, wenn Sie diese 80 Minuten pro Tag der Realisierung Ihres Lebenstraums widmen würden!

6. Schieben Sie nichts mehr auf.

Harry Gray, ein erfolgreicher Geschäftsmann, formulierte treffend: „Wenn Sie etwas aufschieben, das Sie schon lange tun wollen, worauf um Himmels willen warten Sie? Sie wollten schon immer Banjo spielen? Nehmen Sie Unterricht. Sie träumen vom Urlaub auf einer griechischen Insel? Rufen Sie Ihr Reisebüro an. Sie hassen Ihre

Badezimmerwände? Streichen Sie sie neu. Sie fühlen sich wohler, wenn Sie Sport treiben? Fangen Sie mit Jogging an. Sie lieben den Geschmack selbst gezogener Tomaten? Pflanzen Sie welche. Die Schlaglöcher in Ihrer Straße nerven Sie? Besuchen Sie das nächste Gemeinderatstreffen. Was immer es ist, das Sie bislang verschoben haben – tun Sie es jetzt. Warten Sie nicht länger, denn schon morgen könnte es zu spät sein." Wie schnell sollten Sie sich verändern? Wählen Sie das Tempo, das für Sie richtig ist und Ihren Bedürfnissen gerecht wird. Lassen Sie sich nicht anstecken von der „Geschwindigkeits-Manie" der Medien, sondern streben Sie nach einem kleinen Fortschritt jeden Tag. Selbst wenn Sie Ihrem Projekt anfangs nur zehn Minuten täglich widmen können, wird Sie das vitalisieren und beflügeln.

7. Besiegen Sie Ihre Angst.

Die Autorin Susan Jeffers schreibt in Ihrem viel gelobten Buch Selbstvertrauen gewinnen – die Angst vor der Angst verlieren: „Wenn jeder Angst davor hat, in seinem Leben etwas völlig Neues anzufangen, und so viele es ihrer Angst zum Trotz dennoch tun, lässt das nur den Schluss zu, dass die Angst nicht das eigentliche Problem ist." Unsere augenblickliche Situation hinter sich zu lassen und unserem Traum zu folgen, ruft natürlich Ängste hervor. Angst vor Zurückweisung, vor dem Scheitern, vor Missbilligung, vor Imageschäden, Angst, sich zum Narren zu machen, ja sogar Angst vor dem Erfolg – all diese Ängste wurzeln in einer einzigen Sorge: „Ich bin den Anforderungen, die das Leben an mich stellt, nicht gewachsen." Diese Sorge wiederum rührt von einem Mangel an Selbstbewusstsein bzw. der Tatsache, dass wir unseren Stärken nicht hundertprozentig vertrauen. Die

Wahrheit ist: Egal womit das Leben Sie konfrontiert – Sie werden damit fertig! Wenn andere es geschafft haben, warum dann nicht auch Sie? Sie haben ohnehin keine andere Wahl. Die Einsicht, alles meistern zu können, was sich Ihnen in den Weg stellt, wirkt sehr befreiend, denn was hätten Sie jetzt noch zu fürchten? Gar nichts! Sie können endlich aufhören, sich wegen Dingen verrückt zu machen, die sich außerhalb ihrer Kontrolle befinden! Seien Sie versichert – Sie werden mit allem, was passiert, angemessen und souverän umzugehen verstehen.

Auch ich hatte Angst vor einem beruflichen Neubeginn. Immer wieder quälten mich Fragen wie: „Was, wenn ich keinen Erfolg habe? Nicht gut bin in dem, wovon ich glaube, dass es mir Spaß machen wird?" Nun, das Schlimmste, was mir bei einem Misserfolg hätte passieren können, wäre die Rückkehr in meinen alten Job gewesen. Und war das wirklich so beängstigend? Deprimierend vielleicht, aber nicht wirklich beängstigend! Tatsache ist, dass wir unsere Fähigkeiten automatisch verbessern, wenn wir etwas tun, das uns wirklich Spaß macht. Mehr noch: Die Chancen stehen gut, dass wir in dieser speziellen Tätigkeit sogar besser werden als die meisten anderen, weil uns eine Leidenschaft – das berühmte „Feuer im Bauch" – antreibt. Doch besser zu sein als andere – darum geht es nicht in diesem Programm. Wir wollen glücklicher werden – in unserer Arbeit und als Menschen.

Die Angst zu besiegen und „es dennoch zu tun" hat drei Vorteile. Erstens verlieren Sie Ihre konstante unterschwellige Angst, die aus einem Gefühl der Hilflosigkeit resultiert. Plötzlich sitzen Sie am Steuer, statt passiv abzuwarten, was mit Ihnen geschieht. Zweitens fühlen Sie sich jedes Mal, wenn Sie sich zu etwas Neuem, das

Ihnen Angst einjagt, aufraffen, und Erfolg damit haben, stolz und zufrieden und wachsen in Ihrer Persönlichkeit. Drittens: Wenn Sie es nicht wenigstens probieren, sind Ihre Erfolgschancen gleich null. Wenn Sie es dagegen probieren, genießen Sie immerhin eine Erfolgschance von 50 Prozent oder mehr. Was ist besser: 50 oder 0 Prozent? Entscheiden Sie selbst!

Mein Tiefes Bewusstsein und das Fällen von Entscheidungen

Unser Tiefes Bewusstsein ist der Ort, an dem die anderen vier essenziellen Zentren unserer Persönlichkeit ineinander fließen. Hier fühlen wir instinktiv, was gut für uns ist.

Nutzen Sie diesen Ort der Synthese, wann immer Sie mit einer wichtigen beruflichen Entscheidung konfrontiert sind. Kennen sie das alte Sprichwort: „Alle Wege führen nach Rom"? Es bedeutet, dass man auf verschiedenen Wegen an sein Ziel gelangen kann. Auch was die Realisierung Ihrer beruflichen Bestimmung betrifft, stehen Ihnen mehrere Möglichkeiten offen:

- Sie können sich zu einem jähen Schnitt entschließen -- heute Ihren alten Job kündigen und schon morgen mit etwas Neuem anfangen.
- Sie können aber auch einen gleitenderen Übergang wählen, mit Zwischenschritten und auch Umwegen, der Ihnen mehr Zeit lässt, sich auf die neue Situation einzustellen. Angenommen, Sie sind EDV-Expertin und träumen von einer Karriere als Schauspielerin. Statt die Dinge übers Knie zu brechen und von Ihrem jetzigen Schreibtisch aus auf gut Glück Produktions- und Castingfirmen anzurufen, könnten Sie sich um einen Job als EDV-Expertin in der Film- und Fernsehbranche bemühen, dieses Umfeld besser kennen lernen, nach und nach die richtigen Kontakte knüpfen und dann versuchen, ins schauspielerische Fach zu wechseln.

Falls Ihnen mehrere Jobalternativen offen stehen, welcher sollten Sie den Vorzug geben? Woher wissen Sie, welcher Job der richtige für Sie ist? Der „richtige Job“ ist der, der Sie mit einem guten Gefühl erfüllt, weil er Ihrem Sein die Chance gibt, zu wachsen und zu gedeihen. Es ist nicht der Job, der am besten bezahlt wird oder am leichtesten zu kriegen ist. Verlassen Sie sich auf Ihr Tiefes Bewusstsein. Es hilft Ihnen, in der Zwickmühle die richtige Entscheidung zu treffen.

Das Tiefe Bewusstsein ist das fünfte essenzielle Zentrum. Es zeigt uns, wie wir unser Leben führen sollen, damit uns persönliche Erfüllung zuteil wird. Stellen Sie es sich als eine Art Reisekompass vor – wenn Sie an einem Scheideweg stehen, unsicher sind, welche Route Sie einschlagen sollen, können Sie es befragen, und es wird Ihnen den richtigen Weg weisen. Ihr Tiefes Bewusstsein ist die Stimme Ihres Seins, das sich in einem Prozess des Wachstums befindet.

Tiefes Bewusstsein und soziales Gewissen sind zwei verschiedene Dinge. Unser soziales Gewissen hilft uns, zwischen Richtig und Falsch, Gut und Böse, erlaubt und verboten, ungefährlich und gefährlich zu unterscheiden. Es entsteht durch äußere Einflüsse, denen wir in unserer Kindheit ausgesetzt waren, als Eltern oder Lehrer uns bestimmte moralische Werte mit auf den Lebensweg geben wollten.

Das Tiefe Bewusstsein dagegen ist über äußere Einflüsse erhaben. Es gewährleistet eine harmonische Verschmelzung der anderen vier essenziellen Zentren.

Damit eine Übereinstimmung besteht zwischen beruflicher Vision und innerer Motivation muss Ihr neuer Job gut sein für:

1. Ihr Sein, das wachsen möchte.
2. Ihr Ich, das sich eine berufliche Aufgabe wünscht, die zu seinen persönlichen Werten, Prinzipien und Lebensvorstellungen passt.
3. Ihre Sensibilität, die mit den emotionalen Herausforderungen in Ihrem neuen Job klarkommen muss.
4. Ihren Körper, dessen Energiereserven begrenzt sind.

Ihr Ich kann Sie auf verschiedene Weise daran hindern, auf Ihr Tiefes Bewusstsein zu hören:

- Wenn es zu dominant ist, verleitet es Sie unter Umständen, Ihr Tiefes Bewusstsein zu ignorieren und macht Sie zum Spielball äußerer Einflüsse.
- Es kann beschließen, anderen „Herren“ zu folgen, zum Beispiel Prinzipien, Ambitionen, Idealen, Erwartungen anderer oder dem, was sich Ihre Sensibilität oder Ihr Körper wünschen.
- Es kann verstörende oder vermeindlich unlautere Motive unterdrücken.

In ReflectSheet 10 haben Sie die Beziehung zwischen Ihrem Ich und Ihrem Sein beleuchtet.

Haben Sie dabei herausgefunden, dass Ihr Ich Ihr Sein dominiert, rate ich Ihnen, die Lautstärke Ihrer Ich-Stimme so zu regulieren, dass sie die Resultate der Synthese in Ihrem Tiefen Bewusstsein nicht übertönt, damit diese von Ihnen deutlich gehört und gefühlt werden können.

Übung: In dieser Übung untersuchen Sie, wie jedes Ihrer vier essenziellen Zentren auf einen möglichen neuen Job reagieren würde. Vor jeder Entscheidung, ob Sie einen Job annehmen sollten oder nicht, bitte die unten stehenden Fragen in der Tabelle auf ein separates Blatt Papier übertragen und beantworten.

Dauer: Ohne Vorgabe

Lassen Sie sich alle Aspekte, die ein möglicher neuer Job mit sich bringt, sorgfältig durch den Kopf gehen.

Horchen Sie aufmerksam auf jedes Ihrer vier essenziellen Zentren und schreiben Sie auf, was Sie fühlen.

	Mein Sein	**Mein Ich**	**Meine Sensibilität**	**Mein Körper**
Was will in mir aufsteigen?				
Was fühle ich?				
Falls ich Angst habe, beschreibe ich, woher diese Angst rührt				

Übung: Werfen Sie einen Blick auf Ihre ausgefüllte Tabelle. Dann schließen Sie Ihre Augen. Stellen Sie sich vor, Sie hätten die Entscheidung gefällt, diesen neuen Job anzunehmen.

Welche Gefühle löst diese Entscheidung in Ihnen aus?

- Habe ich das Gefühl, auf dem Weg zu Selbstverwirklichung und persönlicher Erfüllung zu sein?
- Fühle ich einen tiefen inneren Frieden, frei von Vorbehalten?

Wenn Sie eine der beiden Fragen mit Nein beantwortet haben, müssen Sie sich jetzt entscheiden, ob:

- Ich an mir arbeiten und meine Zweifel und Vorbehalte nacheinander aus dem Weg räumen möchte.

- Mich lieber nach einer anderen Jobmöglichkeit umsehe, und diese Übung zu einem gegebenen Zeitpunkt erneut durchführe.

Mein 24-Stunden-Vorsatz

Um optimal von Ihren neu gewonnen Einsichten zu profitieren und diese in Ihrem realen Leben verankern zu können, rate ich Ihnen dringend, den ersten Schritt hin zur Realisierung Ihrer beruflichen Vision binnen der nächsten 24 Stunden zu unternehmen.

Wie schnell Sie in der Lage sein werden, den beruflichen Wechsel zu vollziehen, ist im Moment schwer zu sagen, weil hier viele Faktoren eine Rolle spielen. Zum Beispiel wie lange es dauert, bis Sie die nötigen Fähigkeiten erwerben, eine Anstellung finden, einen Umzug über die Bühne bringen, sich die notwendige finanzielle Unterstützung besorgen etc.

Ein Prozess, den ich Rückwärtsplanung nenne, hat sich für mich persönlich als äußerst nützlich erwiesen. Normalerweise plant man vorwärts, das heißt: Wenn man ein bestimmtes Projekt verfolgt, legt man zunächst ein Startdatum fest und gliedert das Projekt dann in mehrere Zeitblöcke auf. Angenommen, Sie wollen in einer neuen Position in einer anderen Firma arbeiten, könnte Ihr Plan so aussehen:

Heutiges Datum:	1. Januar
Lebenslauf aktualisieren bis:	28. Januar
Briefing für Vorstellungsgespräch bis:	15. Februar
Kontakte knüpfen bis:	20. Juli
Fachliche Kompetenzen verbessern bis:	15. Oktober
Eingestellt werden zum:	1. Dezember

Das Problem bei dieser Vorgehensweise: Das Startdatum (und folglich das Umsetzungsdatum) wird häufig nach hinten verschoben, weil Sie glauben, mehr Zeit zum Informationensammeln zu benötigen und erst jede noch so kleine Wissenslücke schließen wollen, um ja keine Fehler zu riskieren, bevor Sie richtig loslegen. In Wahrheit handelt es sich um eine abgewandelte Form der „kreativen Vermeidung“ oder „Aufschieberitis“. Ein Vorgehen, das Sie schneller vom Fleck bringt, besteht darin, mit relativ wenigen Information zu starten, erste Maßnahmen und Schritte einzuleiten, hinzuzulernen und relevante Informationen zu ergänzen, weitere Schritte zu unternehmen, mehr zu lernen etc.

Die Rückwärtsplanung erfolgt umgekehrt. Sie beginnt mit dem Umsetzungsdatum und rechnet von dort zurück auf den morgigen Tag.

Auf das Beispiel oben übertragen heißt das, Sie sollten sich folgende Fragen stellen:

- „Wenn ich zum 1. Dezember eingestellt werden will:
- Was muss ich in zehn Monaten von heute an gerechnet tun?
- Was muss ich in sechs Monaten tun?
- Was muss ich in einem Monat tun?
- Was in zwei Wochen?
- In einer Woche?
- In drei Tagen?
- In den nächsten 24 Stunden?“

Beantworten Sie diese Fragen auf einem separaten Blatt Papier. Schreiben Sie auf, was Sie in den nächsten 24 Stunden tun müssen. Fassen Sie einen konkreten Vorsatz!

„In den nächsten 24 Stunden werde ich mit dem folgenden Aktionsblock zur Realisierung meiner beruflichen Vision beginnen.“

Literaturverzeichnis

Deutsche Titel

Bolles, Richard Nelson: Durchstarten zum Traumjob. Das Handbuch für Ein-, Um- und Aufsteiger. Campus, Frankfurt / Main 2002

Bridges, William: Survival Guide für die neue Arbeitswelt. So vermarkten Sie Ihre Fähigkeiten erfolgreich. Campus, Frankfurt / Main 1998

Csikszentmihalyi, Mihaly: Flow: Das Geheimnis des Glücks. Klett-Cotta, Stuttgart 2002

Frankl, Viktor E.: Der Mensch vor der Frage nach dem Sinn. Eine Auswahl aus dem Gesamtwerk. Piper Verlag, München 1985

Fromm, Erich: Haben oder Sein. Die seelischen Grundlagen einer neuen Gesellschaft. Dtv, München 1988

Houston, Jean: Begeisterung für das Mögliche. Entdecken Sie Ihr inneres Potential. Econ Verlag, München 1999

Janov, Arthur: Der Urschrei. Ein neuer Weg der Psychotherapie. S. Fischer Verlag, Frankfurt / Main 1982

Jeffers, Susan: Selbstvertrauen gewinnen. Die Angst vor der Angst verlieren. Kösel Verlag, München 2003

Seligman, Martin: Pessimisten küsst man nicht. Optimismus kann man lernen. Droemer Knaur, München 2001

Watzlawick, Paul: Wie wirklich ist die Wirklichkeit? Wahn, Täuschung, Verstehen. Piper, München 1995

Englische Titel

Bandura, Albert: Self-Efficacy: The Exercise of Control. Freeman 1997

Dominguez, Joe / Robin, Vicki: Your Money or Your Life. Penguin 1999

Fritsch, Oliver: Oliver Fritsch‘s VocationLab: Find your Purpose in Life: A Self-guided Workshop

Jamison, Kaleel: Nibble Theory and the Kernel of Power. Paulist 1987

Myers, David G.: Pursuit of Happiness. HarperCollins 1993

Palmer, Parker J.: Let Your Life Speak: Listening for the Voice of Vocation Self-Empowerment and Personal Growth There. Wiley 1999

Tice, Lou: Smart Talk for Achieving Your Potential: 5 Steps to Get You from Here to Workshop. Executive Excellence Publishing 2003

Butler, Timothy / Waldroop, James: Job Sculpting: The Art of Retaining Your Best People, in: Harvard Business Review, 2000

Myers-Briggs Type Indicator, Introduction to Type® and Communication, http://www.cpp-db.com

National Institute of Mental Health, Depression Fact Sheet, http://www.nimh.nih.gov/publicat/depresfact.cfm

National Institute of Mental Health, Depression and Cancer Fact Sheet,
http://www.nimh.nih.gov/publicat/depcancer.cfm

The Anthropological and Psychological Foundations of PRH Education, Personalite et Relations Humaines international: Persons and their Growth. Poitiers France: 1997

Stichwortverzeichnis

D

E

F

Über den Autor

Oliver Fritsch ist Gründer und Geschäftsführer der erfolgreichen Karriereberatungsgesellschaft VocationLab in den USA. Die Firma hilft Angestellten von Großunternehmen und Unternehmen der Öffentlichen Hand mit den Folgen von Umstrukturierungen und Entlassungen zurechtzukommen, Eigenverantwortung zu übernehmen, sich auf ihre Stärken zu konzentrieren und Selbstverwirklichung im beruflichen und persönlichen Bereich zu erzielen.

Vor der Gründung des Unternehmens in Boise, Idaho im Jahr 2001 hat Oliver Fritsch in sieben verschiedenen Ländern gelebt und für Firmen wie Hewlett-Packard, Aventis, Dornier und Stratus Global Partners gearbeitet. Er spricht fünf Sprachen und schloss sein Studium der europäischen Betriebswirtschaft an der Fachhochschule Reutlingen und der Middlesex University in London ab. Seit 2007 leitet er die Digitale Marketing Agentur Cendesic.com

So nutzen Sie den Online-Austausch-bereich im Internet

Um den größtmöglichen Nutzen aus diesem Programm zu ziehen, laden wir Sie zum Erfahrungsaustausch mit anderen Lesern und Teilnehmern auf dem Internet ein.

Auf der Website zum Buch *http://www.alles-anders.com* finden Sie unter „Community" einen offenen und einen geschützten Bereich für den Gedankenaustausch:

- Der offene Bereich steht ohne Registrierung zur Verfügung. Hier können Sie sich mit anderen Besuchern zu allen möglichen Themen in den Bereichen Zielerreichung, Work-Life-Balance, Arbeiten im Ausland usw. austauschen.
- Der geschützte Bereich ist an die 15 Lernmodule im Buch gekoppelt. Hier bringen Sie nach jeder Übung Ihre gewonnenen, wichtigsten Einsichten zu Protokoll und lesen und notieren die Einsichten anderer Programmteilnehmer.

Um den geschützten Bereich zu betreten müssen Sie sich erstmalig mit Namen, E-Mail Adresse und der untenstehenden Registrationsnummer anmelden. Folgen Sie dazu den Anweisungen auf der Website. Binnen 1-2 Tagen wird dann der Zugang für Sie freigeschaltet. Falls Sie Probleme mit der Anmeldung haben können Sie ein E-Mail an fritsch@vocationlab.com senden. Bitte nutzen

Sie keine web.de-E-Mail-Adresse zur Anmeldung, da dieser Service unsere Bestätigung blockiert.

Ihre Registrationsnummer lautet:
10LM3235

Nachwort

Neun Jahre nach Fertigstellung dieses Buches im Jahr 2001 hat sich auch bei uns einiges getan.

So haben wir aufgrund veränderter Leseransprüche die Registrationsanforderungen bei der Online-Community weiter vereinfacht und anonymisiert. Selbstverständlich können Sie dieses Buch auch ganz ohne Online-Zugang durcharbeiten. Wer gewollt oder ungewollt auf Jobsuche geht, wird nicht immer die Zeit und die Muße haben, jede Frage tief und gründlich zu beantworten. Aber selbst das flüchtige Durchblättern einiger Kapitel kann wichtige Gedanken und Ideen auslösen, die Sie weiterbringen. Dies ist Ihr Buch, Ihr Denkwerkzeug – nutzen Sie es.

2009 habe ich für Sie ein neues, weiterführendes Kursbuch inklusive einer wandgroßen VisionMap™ erstellt, um Ihnen bei der Stärkenfindung und der Umsetzung Ihrer Visionen zu helfen. Es heißt *Alles Anders Express* und lässt sich auf meiner Webseite als E-Book herunterladen. Eine Leseprobe finden Sie hier: http://www.alles-anders.com/html/leseprobe.html.

2010 steht für mich ganz im Zeichen der Firmenunterstützung und Mitarbeitermotivation.

Gemeinsam mit Michaela Lang, der Geschäftsführerin von werbemax, einem der führenden Werbemittelunternehmen Deutschlands, und zertifizierter Coach für berufliche Erfolgsstrategien, haben wir den *PocketCoach 360* entwickelt. Dabei handelt es sich um einen 360-Grad-Lebenscheck mit neun Strategien für erfolgreiches persönliches und berufliches Wachstum. Das Minibuch im

Visitenkartenformat mit praxisgerechten Selbstcoachingtipps kommt mit 10 beschreibbaren VisionCards zur schnellen Umsetzung Ihrer Pläne. Mehr dazu unter: www.pocketcoach360.de.

Beste Grüße und viel Erfolg

Ihr Oliver Fritsch
Autor

Weitere Möglichkeiten, mit Alles Anders weiterzumachen:

- Möchten Sie andere auf ihrem Weg zur Klarheit begleiten?
  Sprechen Sie mit uns über die Anforderungen an VocationLab lizenzierte Teamleiter. Bewerbungen an: fritsch@vocationlab.com
- Möchten Sie bei gezielten Fragen aus dem Programm in die Tiefe gehen? Oder bei dem Programm individuell begleitet werden?
  Informationen zu Einzelcoaching unter: fritsch@vocationlab.com
- Teilnehmerstimmen zum Alles Anders CityForum finden Sie unter:
  www.alles-anders.com/html/leserstimmen/html
- Mein weiterführendes Kursbuch *Alles Anders Express* können Sie jetzt als E-Book auf http://www.alles-anders.com herunterladen.
- Schreiben Sie mir persönlich und lassen Sie mich wissen, welchen Nutzen Sie aus meinem Buch gezogen haben. Gern stehe ich auch Ihren Mitarbeitern oder interessierten Verbänden als Gastredner zur Verfügung. Hier können Sie mich direkt erreichen:

Fritsch@vocationlab.com

224 Seiten
Preis: 16,90 € (D) | 20,50 € (A) | sFr. 33,90
ISBN 978-3-86882-153-6

Helmut Pfeifer

DER GLÜCKMACHER

Gebrauchsanweisung für ein gelungenes Leben

Für dieses Buch brauchen die Leser ein bisschen Mut. Denn mehr als ein Buch ist *Der Glückmacher* ein regelrechtes Bewusstseinstraining. Helmut Pfeifer erläutert hier seine unglaublich effektive Methode des Manifestierens. Das Buch verändert seine Leser schon während des Lesens. Und ermöglicht so ein glückliches, leichtes und gelungenes Leben.

mvgverlag

352 Seiten
Preis: 19,90 € (D) | 20,50 € (A) | sFr. 33,90
ISBN 978-3-86882-019-5

Rudolf Schenker
mit Lars Amend

ROCK YOUR LIFE

Ohne Fleiß kein Preis? Im Schweiße deines Angesichts?

Von wegen! Rudolf Schenker ist der lebende Beweis für das genaue Gegenteil. Konsequent ist er einen anderen Weg gegangen. Oberste Priorität hatte für ihn immer der Spaß an dem, was er tut. Hier verrät er, wie es dazu kam, wieso es funktioniert und wie man es ihm ganz einfach nachmachen kann. Was dabei herauskam? Rudolf Schenker hat Deutschlands erfolgreichste Rockband aller Zeiten gegründet: die weltberühmten Scorpions. Angereichert mit spannenden Anekdoten aus der 40-jährigen Bandgeschichte. Und mit einem exklusiven Vorwort von Paulo Coelho.

mvgverlag